LLEGAR CON NADA Y GANARLO TODO

LUIS MORALES

LLEGAR CON NADA
Y GANARLO TODO

© EDITORIAL LITTERAE
PRIMERA EDICIÓN, 2022

PRÓLOGO
Mary Beth Lacey

COORDINACIÓN Y PRODUCCIÓN EDITORIAL
Dairis Cecilia Berrio Julio

CONTACTO EDITORIAL
@editoriallitterae
editoriallitterae@gmail.com
serviciosEditoriales.dym@gmail.com

CORRECCIÓN
Ana Sofía Amato
Dairis Cecilia Berrio

DISEÑO DE PORTADA E ILUSTRACIONES
@capraria.creativa

DIAGRAMACIÓN
Eylin Serrano

HECHO DEPÓSITO DE LEY
DEPÓSITO LEGAL | MI2022000367
ISBN | 978-980-18-2866-2

IMPRESO EN EE. UU.
PRINTED IN EE. UU.

COLECCIÓN
Liderazgo y desarrollo personal

Dedicado a esa energía misteriosa e inexplicable que nos alienta cuando nos sentimos solos.

A mi madre, porque más que una madre o una amiga, es una compañera de lucha.

A mi papá, quien me enseñó que para conseguir lo que quieres se debe trabajar duro.

A mi hermano, quien se convirtió en mi amigo.

A mi amiga Mary Beth, porque al escuchar mi historia, dijo: «¡Hagamos un libro!».

A aquellas personas que han aparecido en este nuevo sendero, haciendo de él un auténtico y enriquecedor aprendizaje.

A ti que estás leyendo, porque sin tu apoyo y amistad sincera nada de esto hubiera sido posible.

¡GRACIAS POR SER GENIAL!

AGRADECIMIENTOS

Toda mi gratitud a mi familia, a mis padres Martha y Fernando, a mi hermano Eimar. A todos los amigos que me ayudaron de verdad: Branyer, Jesús Alejandro y Zamyr Suárez. A los maestros que me dieron la vida y me enseñaron el valor de la disciplina y voluntad: Fernando Andrade, Gastón Levar, Oscar y Miriam Montilva.

Le agradezco a mi amiga Mary Beth, porque gracias a ella este libro nació; ella supo trabajar, esperar, gestionar e incluso perdonar para que hoy tú pudieras disfrutar de estas líneas. ¡Gracias!

Le agradezco a todos los argentinos que me han recibido en su país y me han hecho sentir en casa.

A mis maestros virtuales Luis Arturo Villar, Valentí San Juan, Ismael Prego, German Garmendia, Euge Oller, David Cantone, Enrique Delgadillo, Gustavo Vallejo y muchos más...

Finalmente te agradezco a ti, que lees esto y también eres parte del camino.

¡MIL GRACIAS!

PRÓLOGO

«¡¡Luis, tienes que escribir un libro!!», fueron las palabras que salieron de mi boca una vez que escuché su historia por primera vez. Recuerdo que inicialmente le pareció una idea muy loca. Sin embargo, luego de explicarle que trabajaba en una editorial, y que el proceso no era tan difícil como parecía, abrazó la idea tanto como yo.

Debo decir que para mí es un gran placer ser la voz elegida para realizar este prólogo, pues desde que conocí a Luis me di cuenta de que era alguien especial. Cualquier persona que converse con él por poco tiempo, se dará cuenta de que Luis es una especie de tesoro, cuyas perlas son evidentes con solo escarbar un poco dentro de él.

Conocí a Luis a través de las redes sociales, específicamente por medio de YouTube. Él fue mi inspiración para migrar a Argentina cuando estaba residenciada en Perú. Recuerdo que para ese momento quería vivir allí por un tiempo para seguir preparándome como profesional. Luis ya tenía unos años viviendo en Argentina, y además había compartido todo su proceso migratorio en sus redes sociales. Fue así como lo conocí, fue así como posteriormente tuve la valentía de ponerme en contacto con él para que nos conociéramos en persona.

Después de ese primer encuentro establecimos una amistad muy bonita, en la que he descubierto que no me equivoqué: Luis tiene mucho para dar a este mundo, no solo en su profesión sino ahora como escritor. Estuve trabajando con Luis durante todo el proceso para escribir la obra que ahora tienes en tus manos. En aproximadamente un mes y medio terminamos el libro, ¡sí, en tiempo récord! ¡Y el resultado fue increíble! Recuerdo que yo simplemente le pedí a Luis que me contara sobre su vida, sobre aquello que quería compartir con los demás. Y resultó este gran libro repleto de aprendizajes, reflexiones y experiencias geniales de principio a fin.

Estoy segura de que esta obra será de gran bendición, no solo para los migrantes, sino para todo aquel que necesita de un consejo fresco y vibrante. En este libro conocerás a Luis desde otra perspectiva, te conectarás con su historia y, sin duda, reirás unas cuantas veces con sus ocurrencias y forma tan única de ver la vida.

MARY BETH LACEY
DISEÑADORA GRÁFICA Y ARTISTA

ÍNDICE

INTRODUCCIÓN

Llegar con nada y ganarlo todo. Suena bastante tentadora la frase, ¿cierto? Cualquiera que la escuche podría imaginarse a alguien muy pobre que, de la noche a la mañana, termina convirtiéndose en una persona muy muy rica, con cuentas bancarias llenas de dólares y bóvedas repletas de lingotes de oro. Sin embargo, *ganarlo todo* no significa poseer todo el dinero del mundo, o ser el dueño de una gran fortuna. *Ganarlo todo* significa todo lo contrario a eso.

Aquellos que como yo han sido obligados a abandonar su país de origen, llegan a otro sitio con nada en los bolsillos, con un desarraigo total, dejando tras de sí sus trayectorias, y al mismo tiempo, perdiendo sus más valiosos tesoros: su cultura, sus trabajos, sus familias y amigos. En este nuevo camino que se abre ante nosotros, no existe el recuerdo del beso que le dimos a nuestra primera chica; esas y otras anécdotas han sido borradas para siempre. Llegamos a un lugar que será para nosotros un lienzo en blanco, en el cual debemos escribir nuevas vivencias. Desde el primer día empieza a escribirse esta nueva historia: Cuando terminamos empapados por la lluvia que nos sorprende a mitad de un paseo nocturno, cuando en el subte conocemos a alguien que al final se convierte en un gran amigo, o cuando casi nos atropellan por haber ignorado el semáforo. Todas estas pequeñas situaciones van construyendo nuestra nueva historia.

Es cierto que llegamos a un lugar desconocido, con una mano adelante y otra atrás, pero si miramos bien, esa supuesta desventaja es, más bien, una oportunidad para que comiencen a aparecer recompensas. Hay un dicho que dice: «Hay que dejar ir para ver llegar». Eso fue lo que pasó conmigo: dejé ir todo lo que consideraba valioso en mi vida para ese momento, y me fui con *nada* a un nuevo país. Hoy, poco a poco, y un día a la vez, comienzo a sentir que lo consigo *todo*, que estoy ganándome una nueva vida, con todo lo que eso implica.

Recuerdo que en Venezuela tenía amigos íntimos a quienes les contaba mis inquietudes y mis más grandes secretos. Al llegar aquí, fue muy duro darme cuenta de que estaba solo, y que el tiempo sería el encargado de darme nuevas amistades acompañadas de gratas experiencias. Gracias a ello puedo decir que ahora me siento en casa. Con los meses fui ganando espacio, personas que me brindaron la taza de café, que me invitaron a comer (y a quienes también les cociné), que me hicieron sonreír y también llorar. Al final, el resultado de todos estos eventos me ha hecho sentir feliz. La intención de este libro es precisamente esa: invitarte a que te deslastres de todo ese peso que llevas a cuestas, de tus argumentos y paradigmas caducos, de esos recuerdos que sobrecargan tu presente, también del aprecio obsesivo a cosas materiales, y de esas ideas que inclusive heredaste de otras personas y que no identifican tu verdadero ser, por lo que limitan tu mente.

A veces esas cosas que consideramos valiosas son las que no nos dejan crecer. No dejamos espacio para lo nuevo y por eso no podemos *ganarlo todo*; si nuestro depósito está lleno de cartón, ten por seguro que el cargamento de diamantes no podrá ser recibido. Pero para eso hay que aprender a desaprender, hay que borrar para reescribir, ser humildes en el proceso, escuchando con atención lo que los demás quieren decirte. Mucha gente cree que se las sabe todas, y cuando les van a explicar algo nuevo, se cierran porque se creen autosuficientes, o simplemente escuchan a medias porque en sus mentes se autoproclaman seres superiores, súper poderosos. Pero la realidad es que terminan limitándose con el poco conocimiento que poseen, condenándose a vivir en una cápsula con recursos limitados.

CAPÍTULO 1

MI VIDA EN VENEZUELA

«

Tengo mis historias, mis canciones y mis noches.

Tengo mis amores, argumentos y reproches».

LUIS MORALES

Dicen que las crisis son la oportunidad perfecta para reinventarnos, y no podría estar más de acuerdo con dicha afirmación, pues gracias a ellas he podido emprender este gran viaje, descubriendo así, poco a poco, quién soy y lo que quiero hacer con mi vida, tomando por fin las riendas de mi futuro. No ha sido para nada fácil, pues eso significó despedirme de todo lo que conocí durante toda mi vida y comenzar de cero en otro país, solo con una maleta y mi cámara de video.

Pero antes de contarles quién es Luis, la persona que está escribiendo estas líneas, creo que es mejor empezar mucho antes de que yo existiera. Permítanme presentarles a mi pequeña familia: Soy hijo de Martha, una mujer sumamente brillante que pasó toda su infancia en los campos andinos tachirenses, en una finca cafetalera que pertenecía a su padre, mi abuelo, ubicada en Santa Rita de Miraflores, una zona montañosa que se caracterizaba por producir el mejor café de la región. Mi padre, el señor Fernando, creció en San Cristóbal, capital del estado Táchira, una ciudad habitada por gente cordial, donde ejerció durante mucho tiempo el oficio de chofer. Sus padres fueron unos humildes campesinos que, al igual que él, no terminaron sus estudios; mi abuelo no sabía leer, y mi papá solo cursó hasta tercer año de bachillerato.

Cabe destacar que ambos compartieron el vicio del cigarro: aunque mi padre dejó de fumar cuando yo nací, la historia de mi abuelo fue más trágica, pues ¡fumaba como un demonio! Un día él amaneció con náuseas y una doctora le inyectó Primperán; en ese momento descubrimos que él era alérgico a dicho medicamento, ya que murió 10 minutos después.

CRIANZA: ARTE Y TRABAJO DURO

Como mencioné anteriormente, mi padre fue chofer. Pasar gran parte de su vida tras un volante no le impidió conquistar a mi mamá, a pesar de estar divorciado, tener un hijo de 12 años, y ser 13 años mayor que ella. Después de tenerla entre sus redes del amor, se fueron a vivir juntos a un pueblito andino llamado Lobatera, un pueblo humilde situado en un valle rodeado de montañas. Allí tuvieron a su primer hijo, mi hermano, y cinco años después de haberse mudado a Lobatera, nació el ser humano que hoy se expresa en este libro, el 9 de enero de 1996, en la ciudad de San Cristóbal. Mi mamá, amante de la cocina, se preparó para convertirse en chef y, después de darnos a luz a mi hermano mayor y a mí, montó su primer negocio junto con mi padre: un restaurante.

Fui criado con sólidos principios morales: el respeto, la honestidad y la disciplina eran esenciales; y bajo el amparo de una madre que me apoyaba en todo. Solo me bastaba pedir cualquier cosa para que, *¡plácata!*, fuera complacido: Si quería dibujar, me compraban un *block* de hojas blancas; si quería pintar, me compraban temperas y crayones. Quise ser músico, y me sobraron las guitarras. Gracias a ello desarrollé un espíritu artístico y creativo.

Mi padre era un hombre muy laborioso, distribuía mercancías en un camión (¡siempre tras el volante!). Mi hermano y yo debíamos descargar dichas mercancías, y al final de la jornada terminábamos con fuertes dolores de espalda (en aquel entonces yo tan solo tenía siete años). Los días ligeros y más amigables me dejaban a cargo de hacer el inventario de miles de productos, o borrarles la fecha de vencimiento a algunos empaques para así poderlos vender y no perder dinero.

Así crecí: con una mamá que me apoyó en todo y con un papá que siempre trabajaba, siendo yo su ayudante. Sin embargo, aunque a veces el trabajo de papá parecía duro, hoy lo agradezco, pues su crianza me condicionó para bien y estableció en mí hábitos laborales que resultaron beneficiosos para mi futuro.

PALABRAS FALSAS QUE CONVENCEN

Recuerdo que una vez, durante la secundaria, olvidé preparar una exposición de Geografía. Todos tenían sus láminas de papel *bond* o cartulina listas para presentarlas ante la clase, menos yo, que había olvidado por completo esa tarea debido a que tiendo a ser muy distraído. La verdad es que no tenía información a la mano, y en ese tiempo no había acceso a Internet, por lo que para hacer las tareas había que ir a la biblioteca en repetidas ocasiones. Así que, básicamente, estaba con el agua al cuello.

La exposición consistía en elegir un lugar y explicar por qué este era dañino para el ambiente. De pronto recordé que recién habían inaugurado un centro comercial llamado Sambil en San Cristóbal, así que se me ocurrió dibujarlo en una lámina de papel *bond* que compré en el último momento. Cuando fue mi turno de exponer, lo hice valiéndome de información y datos netamente falsos, creados improvisadamente mientras relataba mi presentación oral ante la clase. Hablé y hablé sin detenerme hasta que culminó el tiempo estipulado. Todos me miraban en silencio, hasta que la profesora rompió en aplausos, felicitándome frente a todos. Al final me colocó la máxima calificación y dijo: «¡Todos deberían ser como Luis!». En ese momento comprendí que hablar bien, con claridad y seguridad, puede convencer a cualquier persona. Ese día descubrí el poder de la palabra, y lo fácil que se puede manipular a quien sea hablando con propiedad sobre cualquier tema.

En aquel entonces esa situación me pareció graciosa y hasta me enorgullecí, pero hoy comprendo que debemos apostar por la sinceridad en cualquier circunstancia: una mentira, por convincente que parezca, siempre será una mentira. En algún momento la verdad saldrá a la luz y seremos juzgados en proporción al tamaño de nuestro engaño.

> *«Una mentira, por convincente que parezca, siempre será una mentira. En algún momento la verdad saldrá a la luz y seremos juzgados en proporción al tamaño de nuestro engaño».*
>
> —— **LUIS MORALES**

¡HOLA, MÚSICA!

Mi educación primaria y secundaria transcurrió en Michelena, un pueblo andino que queda a 15 minutos, en bus, de Lobatera, mi pueblo de origen. Mi vida transcurría entre estos dos pueblos. En Michelena vivía gran parte de mis amistades, por lo que pasaba mucho más tiempo allí que en Lobatera. Este último funcionaba como mi hotel personal; allí solo iba a dormir y a cargar cajas pesadas en el garaje de mi casa.

Michelena fue el pueblo donde conocí a muchos músicos. Allí me uní a una orquesta y comencé mis estudios musicales en Guitarra. Los profesores, por su parte, eran muy profesionales, aunque siempre me regañaban porque no era apasionado de la música nacionalista y clásica, pues yo prefería la popular.

Recuerdo que siempre llegaba una hora antes del ensayo con alguna pieza de Gustavo Cerati entre las manos, y mientras todos afinaban, yo tocaba el solo de guitarra de «De música ligera». Entonces, en menos de lo que canta un gallo, escuchaba el furioso grito del profesor exigiéndome silencio y respeto, y tenía toda la razón. Para ellos era más notorio que interpretara «Pequeña serenata nocturna» o algunas de las piezas de Mozart. Me decían: «¡Si no estudias los clásicos te vas a estrellar contra el mundo!». Pero la verdad es que hoy en día es más escuchada la música popular que la clásica. En pocas palabras, sí me estrellé contra el mundo, pero al mundo le gustó el sonido de mi impacto.

Esto sucedió porque yo creí en mí mismo, en mi música, y gracias a eso hay una canción llamada «Cuéntame, ¿qué tal Europa?», que tiene 70 000 visitas en YouTube. Este sencillo nunca se ha promocionado y el fenómeno de sus visitas ha sido netamente orgánico.

Gracias a que en la orquesta también conocí a grandes músicos, pude formar mis primeras bandas, y así, cuando tenía 15 años de edad, y durante varios años, todos al pasar me veían risueño con mi guitarra para arriba y para abajo. Por eso, cada vez que veo a alguien en la calle con una guitarra, evoco con una sonrisa mi adolescencia, mis dedos maltratados y encallecidos por las cuerdas de *nylon* y metal, los ensayos y regaños de mis profesores, el componer y tocar música.

GUITARRA POR CÁMARA DE VIDEO

Actualmente cambié la guitarra por una cámara de video, y es que lo que nos apasiona siempre halla espacio en nuestra maleta. De niño me encantaba grabar cosas con un pequeño teléfono cuya cámara era pésima, pero yo editaba feliz y creaba videos muy simples y bonitos. ¡Me encantaba!, ¡y con los ojos iluminados de emoción e ilusión me decía a mí mismo que sería un gran director de cine!

> *Lo que nos apasiona siempre halla espacio en nuestra maleta».*
>
> **LUIS MORALES**

Desde siempre me he caracterizado por ser muy creativo (al menos eso decían mis profesores cuando veían mis dibujos en el preescolar). Lo cierto es que me gustaba hacer las cosas un poquito diferente; no fui el más original, pero algo de esfuerzo extra siempre había, así como uno que otro garabato que no tenía comparación.

La curiosidad me empujó a intentar muchas cosas, incluso llegué a practicar artes marciales, por lo que me defino como un auténtico explorador de diferentes disciplinas, aficionado a muchas, profesional en pocas. Me atrevo a decir que, por ese aire de curiosidad, soy un aficionado en todo.

No siempre fui una persona pacífica; de hecho, en mi vida pasé por muchos roles: fui tímido, miedoso, inseguro; en otras etapas fui muy valiente y extrovertido; algunas veces fui vago e inestable; otras, muy laborioso; fui despilfarrador y también ahorrativo. Pasar por estos diferentes roles de personalidad ha permitido que se desarrolle mi empatía pluricomprensiva y pueda colocarme en los zapatos de otras personas.

Cabe destacar que nunca me quedé encerrado en ningún bucle de mi personalidad; al contrario, poco a poco fui trascendiendo, cambiando y posicionándome para tener otra forma de ver las cosas. Sin embargo, es posible que hoy siga algunas reglas de supervivencia, pero estoy consciente de que el día de mañana mutarán, ya que somos seres cambiantes, y si no lo aceptamos seremos como rocas, inmutables, por lo que atravesar las tormentas será más doloroso.

> «*Lo más inteligente que podemos hacer siempre es moldearnos al halo de luz que el Universo nos dirige en este instante*».
>
> — LUIS MORALES

HACIA EL RISCO SIN PARACAÍDAS

En el año 1999 comenzó el régimen socialista de Hugo Rafael Chávez Frías, uno de los más polémicos y destructivos a nivel mundial. Mi niñez y mi adolescencia transcurrieron bajo los dictámenes de este gobierno tóxico disfrazado de socialismo. Desde que tengo consciencia siempre vi a este ser como alguien maquiavélico, que todos los días interrumpía mis programas de televisión favoritos con sus interminables cadenas televisivas, las cuales empezaban en cualquier momento, en la radio, en los coches, en los supermercados. En cualquier sitio y en todos los televisores aparecía de improvisto este ser omnipresente que se creía un dios; la verdad es que aún no comprendo cómo este personaje podía hablar más de 10 horas seguidas expulsando odio y destrucción.

Aunque a la mayoría de los venezolanos nos duela, Chávez fue sumamente brillante, y a punta de panfletos y discursos llenos de elocuencia logró hipnotizar a millones de personas. Él llegó con *nada* y ganó *todo*, y es que si te entregas a tu ideal, si te lanzas sin miedo en pos de tus objetivos, esta sentencia se cumple, sin tomar en cuenta las buenas o malas intenciones que se escondan detrás de tus deseos.

Así es, Chávez lo ganó todo: dominó un país completo, se apropió de sus recursos, de sus riquezas, a tal punto de robarles el futuro a todos los venezolanos. Expropió empresas, desmejoró todos los servicios públicos y privados, llevó a la ruina a la patria que tanto defendía en su falso discurso. Yo soy testigo de ello, este gobierno disfuncional y conformado por delincuentes saqueó las riquezas de un territorio hermoso y lleno de soñadores.

Créanme cuando les digo que el chavismo es miseria, corrupción y perdición. Yo nunca imaginé el caos que hoy padecen los venezolanos, pues mi infancia transcurrió de forma «normal». Para ese entonces el país se encontraba «estable», aunque ya se encaminaba hacia el abismo en el que yace hoy y en el que sigue cayendo más y más profundo. Y es que ya desde hacía años nos encontrábamos caminando lentamente hacia el risco y no teníamos paracaídas. No sabíamos lo que venía, éramos ingenuos y desconocíamos los niveles de miseria que llegaríamos a experimentar.

El caos comenzó en el año 2014, fue una caída libre al precipicio, una sin compasión, y yo lo padecí hasta el 2018, cuando me vi con la misma ropa que usaba desde hacía tres años, flaco y con la heladera (nevera) de mi casa vacía. En ese momento tomé la dura decisión de emigrar.

ADIÓS, CASITA

Nacemos en un país sin escogerlo, crecemos y entendemos que todo en él tiene singularidades que se vuelven nuestra cotidianidad. Luego vivimos dando todo por sentado, hasta que ocurren cosas que alteran el ritmo natural de esa rutina. Entonces pensamos que estas cosas desfavorables no perdurarán y que en cualquier momento todo volverá a la normalidad; pero sucede que la situación se sale de control y entra en un estado de descomposición ¡IRREVERSIBLE! Allí es cuando nos preguntamos por qué nacimos y permanecemos en ese lugar. Entonces aparecen muchas otras interrogantes que se agolpan veloces y vehementes en nuestra mente, convirtiéndose en un remolino en busca de respuestas que no logramos encontrar. Una de las más comunes es: «¿Por qué me tiene que pasar esto a mí?».

Si este es tu caso, querido amigo, llegó la hora de replantear tu vida o resignarte a la derrota. Desde que la crisis en Venezuela empeoró, esas interrogantes se hicieron frecuentes en mí: «¿Por qué estoy en Venezuela?», «¿Por qué mi país me niega las herramientas que necesito para progresar?», «¿Las cosas seguirán empeorando?». Además del remolino de preguntas sin cesar, la angustia y la incertidumbre ante el futuro, están ¡las noticias del día a día bombardeándote! Cosas que antes no te interesaban, como la política, comienzan a cobrar importancia. ¡Y es que te afectan directamente como disparo de escopeta en la cara!

Mi familia siempre estuvo en contra del gobierno de Chávez, puesto que premiaba la ignorancia: algunas de las personas encargadas de administrar los recursos en mi pueblo no tenían la preparación necesaria. ¡Era una completa locura! Individuos que se pasaban la vida haciendo nada, de fiesta en fiesta y rompiendo las leyes, ostentaban el poder; mientras que aquellos apegados a la moral, preparados y aptos para dichos cargos, quedaban rezagados y dependiendo de quienes mandaban allí.

Aunque duela, la verdad es que son los incultos quienes gobiernan en mi nación. Y es que la dictadura chavista-madurista alimentó el parasitismo social, el cual domina todo y pilotea al país como quien maneja una bicicleta con rueditas de aprendiz, recibiendo este, a cambio de su sumisión, la zanahoria del conformismo que mantiene a sus habitantes con la panza llena.

Para este gobierno corrupto importa más la masa, el pueblo ignorante y fácil de manipular, que no aporta nada realmente valioso a la sociedad. Es triste ver que las personas con grados académicos superiores padecen de escasez, mientras que los *jalabolas*, es decir, aquellos que rinden tributo al Estado, obtienen todo el crédito por destruir al país.

Fueron muchos los casos que conocí de gente ignorante, grosera y cochina que compraba carros y teléfonos de última generación, mientras los jóvenes universitarios iban a estudiar con los zapatos y los pantalones rotos, incapaces de celebrar sus logros académicos como se lo merecían. Hoy en día son pocos los que pueden tomarse unas *birras* con los amigos, y es que la mayoría sobrevive solo con el dinero del pasaje, con un par de huevos hervidos en su mochila, ya que comer en el cafetín se convirtió en un lujo.

ORIGEN DE SINPUNTOCOM

En el año 2015 comencé a estudiar en la Universidad Experimental del Táchira, la casa de estudios superiores más importante del estado. El día de mi inscripción tomé el *pensum* de estudios, le di una ojeada y me encontré con varias opciones que me resultaron interesantes: Ingeniería Civil..., Mecánica..., ¡Ingeniería Electrónica! Esa fue la que más llamó mi atención, y de inmediato y con mucha emoción hice la relación entre esa carrera y la música: «¡Ah, me gusta la guitarra eléctrica! ¡Seguro tiene que ver con Ingeniería Electrónica!» (obviamente luego entendí que no tenían nada que ver). Por otra parte, el nombre me parecía bonito: ¿Ingeniería Electrónica? *¡Wow!* Y aunque no tenía ni la más remota idea de lo que significaba, por fin me decidí a estudiar dicha carrera.

Ya en la carrera me llevé una gran sorpresa: ¡una oleada de números y fórmulas matemáticas! Pero comencé a hacer amigos, gente metódica, apasionada y enfocada en ser grandes ingenieros. Como era de esperarse, seguí el ejemplo de mis compañeros y me dediqué a estudiar como es debido. De hecho, recuerdo que cuando reprobé el primer examen de matemáticas caí en la desesperación y hasta pensé que sería un hombre fracasado. Pero esa pequeña derrota se convirtió en un reto para mí, así que me preparé para el siguiente parcial. En esa oportunidad obtuve, gracias a mucho esfuerzo, una excelente calificación: una de las más altas de la clase. Gracias a ese primer triunfo me dije con mucho entusiasmo: «¡Seré un gran ingeniero!».

Fue entonces cuando tomé mi guitarra, mis amplificadores, los pedales y todo lo que tenía que ver con el mundo artístico y, *¡plácata!*, los guardé debajo de la cama. Ya estaba decidido, mis nuevos acompañantes serían mi cuaderno, mi regla, mis libros y mi calculadora Hp50g, capaz de resolver sistemas de ecuaciones con varias incógnitas. Todo iba viento en popa, me convertí en una persona full apasionada por los números y los cálculos, así como por todo lo que hiciera referencia al mundo de la Ingeniería.

Sin embargo, la situación en Venezuela comenzaba a empeorar. Los servicios desmejoraban rápidamente y hasta las universidades cayeron en la desidia. No imaginas lo duro que es para una persona que quiere superarse, ir a la universidad pública y nutrir la mente, y de pronto, *¡plácata!*, la encuentra cerrada, o que al llegar lo reciban a uno con bombas lacrimógenas. Uno se desorienta, y lo peor de todo, se desalienta. En esos momentos de frustración solo pensaba: «¡¿Por qué carajos nos desalojan de la universidad si no estamos haciendo nada malo?!». Pero después vinieron los paros operativos, algunos duraron hasta ocho meses... Ocho meses sin estudiar.

Pero no todo es malo. Los momentos de crisis están llenos de oportunidades, y la mía la encontré en el mundo digital. Y es que desde pequeño jugaba a ser director de cine, lo que me dejó conocimientos acerca del mundo audiovisual y de la edición. Además, se abrió el camino para probar suerte en las redes sociales. Yo ya tenía algo de conocimiento en el tema, pues a partir del 2011 había comenzado a ver a *youtubers*, ya que en el fondo tenía un pequeño deseo de ser una de esas personas que te hablan por Internet sobre un tema en particular, o te sacan una carcajada con relatos y ocurrencias graciosas. Uno de los *youtubers* que me influenciaron en ese entonces fue *HolaSoyGerman*; él me hizo pensar con determinación: «¡Yo también puedo hacer esto!».

Gracias a los paros de la universidad desempolvé mi guitarra y busqué la manera de hacer música otra vez, más concretamente un álbum como solista, pues esa idea se había apoderado de mí por completo. Entonces comencé unas sesiones de grabación, al mismo tiempo que empezaron las clases en la universidad. Pero sucedió algo inesperado: yo ya no estaba tan seguro de ser ingeniero. Por el contrario, asistía a clases solo para fugarme e ir a un estudio de grabación.

Obviamente mi rendimiento académico disminuyó, y hasta reprobé Química, pero no me importó, pues la música me tenía absorbido del todo. Mejor dicho, mi cerebro estaba dividido entre la universidad y la música. Todo esto sucedió a mediados del año 2015. Al poco tiempo mi esfuerzo rindió frutos y pude grabar la mitad de un álbum, el cual constaba de cinco temas divididos (aunque nunca grabé la segunda parte). Por otro lado, ese mismo año comencé a subir videos a YouTube a través de una cuenta llamada *Luis Fernando Blog*; sin embargo, estos fueron un fracaso, ya que en un año solo obtuve 100 suscriptores.

A principios del 2016 terminé mi álbum de estudio y lo subí a YouTube. Sin embargo, este tampoco causó impacto alguno. Nadie lo escuchaba, solo mi familia; no tuvo ni 100 visitas. Entonces, un poco desanimado, pensé: «¿Por qué nadie escucha mis canciones? ¿Qué debo hacer ahora?». No obstante, seguí subiendo contenido a mi canal *Luis Fernando Blog*, al mismo tiempo que continuaba con mis estudios. Pero nada funcionaba, ni el contenido ni las canciones lograban atrapar a la gente. Hasta que, a finales del mismo año, se me ocurrió, de la nada, la idea de crear un canal nuevo con el nombre *SINPUNTOCOM*, el cual consideré como un nombre que quería llevarle la contraria a todo y romper esquemas.

Como ya tenía muchos años viendo videos de *youtubers*, había notado que los *youtubers* venezolanos con gran popularidad subían contenidos simples, siendo naturales en su forma de ser. La gran mayoría hablaba de temas similares de forma repetitiva. Yo sentía que había un vacío, algo que faltaba. Entonces pensé en crear un canal que hiciera la diferencia, o que por lo menos lo intentara; la filosofía inicial era el rescate del pensamiento propio y la rebeldía enfocada en acciones que beneficiaran nuestra visión del mundo. «¡Esto tiene fundamento! ¡Suena bien!», me dije entusiasmado.

Así nació *SINPUNTOCOM*, un canal de YouTube que salvaría mi vida en un futuro no muy lejano. Este fue un canal pensado para promover el humor inteligente. Recuerdo que mi universidad estaba en paro de actividades cuando empecé a planificar los inicios de este, las ideas y temas que lo definirían, así como los primeros videos. Luego la universidad volvió a retomar sus funciones, entonces guardé todo el trabajo en una carpeta en el disco duro de mi laptop y me dediqué a estudiar, a ser un futuro ingeniero (por enésima vez).

En enero del 2017 la universidad se fue nuevamente a paro de actividades, y un día cualquiera, mientras revisaba mi computadora, encontré una carpeta titulada «SINPUNTOCOM». Entonces entré a YouTube y creé el canal con ese nombre. Comencé a publicar videos el primero de febrero. Algunos de estos videos eran grabaciones que hacía mientras iba a la universidad, y otros eran acerca de mi pueblo. Al mismo tiempo, yo seguía, de manera entrecortada, con mi carrera universitaria.

Para la fecha, mi cerebro continuaba dividido en dos: entre mis pasiones y la ingeniería. Pese a esto, había una materia que me enamoraba: Circuitos I. Esta era una materia muy compleja, de esas que muchos estudiantes reprueban varias veces, y los que aprueban son solo dos: el destacado de la clase y un repitiente aplicado, en una sección de 40 estudiantes. Sin embargo, yo estaba enamorado de dicha asignatura, aunque reprobé el primer parcial, como todos los del salón. A pesar de eso, luego me dediqué a estudiar desesperadamente, desde que abría los ojos, hasta que me desmayaba del sueño y cansancio. Finalmente mi esfuerzo rindió frutos, pues el siguiente parcial lo aprobé con una buena calificación; así que tenía probabilidades de aprobar la materia con la siguiente evaluación.

Recuerdo que me levantaba y me acostaba estudiando, siempre estudiando los contenidos de Circuitos I, siempre siempre. Me decía con determinación: «¡Yo voy a ser uno de esos que aprueban la materia en el primer intento!». Estaba decidido a superarme; además, sabía que tenía lo necesario para aprobar la materia, ya que incluso ayudaba a estudiar a mis compañeros cuando no comprendían los procedimientos. Sí, me encantaba Circuitos I, y me estaba enamorando otra vez de mi carrera.

ADIÓS, INGENIERÍA

Lamentablemente la crisis del país se intensificaba cada vez más. Recuerdo que el día del último parcial de Circuitos I me levanté muy temprano, me alisté y fui a la parada del bus que me llevaría a la universidad, la cual quedaba a una hora de mi antigua residencia. Pasaron tres autobuses y no se detuvieron, venían atestados de personas.

Aquella escena me hizo recordar que de niño veía con asombro fotos del transporte público de la India, el cual estaba completamente abarrotado de gente, ya que transportaba a 100 personas. ¡100 personas dentro de un vehículo con capacidad para 30! ¡¿Pero cómo podían respirar?! ¡Estaban todos colgados de las puertas y casi se salían por las ventanas! No lo podía creer. Parecía algo sacado de una película de ficción. Sin embargo, ahora presenciaba aquella escena con mis propios ojos, y no estaba nada alejada de esas fotos.

Veía los autobuses pasar a toda velocidad, tan llenos que parecia que iban a explotar. Ansioso, observaba aquella escena, mientras el cielo comenzaba a iluminarse por la salida del sol. Al mismo tiempo, una gran fila (o más bien aglomeración) de personas se formaba en la parada del bus, y durante todo el rato que llevaba esperando aquel transporte, la fila se triplicó.

Miré la hora en mi celular en repetidas ocasiones; se me hacía tarde. Aquella espera interminable me desesperó y tomé la decisión de irme caminando hasta la universidad. Logré llegar en apenas 15 minutos, ¡así sería mi apuro! Cuando entré corriendo al salón, el parcial ya había comenzado. A pesar de eso, estaba feliz porque ya me encontraba allí. Sin embargo, mi felicidad duró poco: no había sitio donde sentarme, la escasez de mesas y sillas era un hecho confirmado. Así que mi sonrisa se borró y rápidamente tuve que salir del salón y recorrer todo el edificio en busca de una mesita y una silla donde sentarme, para poder realizar el parcial final en paz.

Después de más de media hora en mi búsqueda pude regresar al salón triunfante. Ya con silla y mesa para realizar la prueba, me senté, sudado y nervioso, a resolver los ejercicios. Resolví el primero con ciertas dudas, pero lo hice. ¡Bingo! Nada podía fallar. Estaba confiado en que todo iba a salir bien. Entonces la profesora abrió la boca para decir: «Recuerden que al iniciar la clase les dije que para el primer ejercicio debe aplicarse el método de nodos y no el método de mallas». ¡¿Qué?! ¡¿De verdad?! ¡¿Era una broma?! ¡No, definitivamente no era mi día! La profesora había anotado ese aviso en el pizarrón, pero como yo había llegado tarde y apurado no lo había visto, pues solo estaba concentrado (y ansioso) en terminar mi examen lo más rápido posible para que no se me agotara el tiempo. Sin embargo, ese pequeño error lo pagué caro, pues tuve que borrar todo lo que había hecho y empezar de nuevo, ya que había aplicado el método de mallas.

Después de hacer nuevamente el primer ejercicio, hice el segundo, y cuando iba a resolver el tercero y último, la profesora nos quitó la hoja. Me hacían falta 40 puntos para aprobar la materia, pero solo obtuve 36. Yo hubiera podido aprobar fácilmente, tenía los conocimientos, pero el transporte jugó en mi contra, el país jugó en mi contra...

Entonces poco a poco me fui decepcionando, entristeciendo, hasta que mi corazón se rompió por completo. ¡Después de haber estudiado tanto estaba condenado a repetir la materia! Pero mi ánimo empeoró cuando volví al salón como repitiente y para mi sorpresa no había quien dictara la materia. La profesora se había ido a Bogotá a dar clases porque aquí no le alcanzaba el sueldo para cubrir sus necesidades. Ese día no entré a ninguna otra clase. Me dije muy enfadado y desilusionado: «No sigo estudiando en esta universidad». Fue entonces cuando abandoné la carrera y me encerré en mi casa a hacer videos, ¡hacía videos y videos! Hasta que incursioné haciendo *unboxings* de cajas Clap. ¡Esos videos sí que reventaron durísimo!

¡GATO MUERTO DE HAMBRE!

Algo que caracteriza al gobierno chavista-madurista es que este les da a las familias venezolanas una caja Clap cada cierto tiempo. Estas son unas cajas llenas de determinados productos alimenticios importados y de muy baja calidad, cuya finalidad es «solventar» la escasez generalizada, y así evitar que las familias venezolanas mueran de hambre. Cabe destacar que el precio que hay que pagar por ellas es absurdo (sí, hay que pagar por un producto de mala calidad y que debería ser gratis). Pero es evidente que esta iniciativa no cubre los fallos en la canasta básica venezolana. Además, no está de más decir que este sistema también presenta irregularidades, deficiencias y mafias.

Lo cierto es que esto me generó una idea: «¿Por qué no destapar la fulana caja frente a la cámara y hablar sobre los productos a la gente de Internet?». Así nació una sección en mi canal llamada «*Unboxing* de un Clap», en la que mostraba uno por uno los artículos de dicha caja y manifestaba mi inconformidad con el gobierno. Como los productos eran hechos en México, muchas personas de ese país comenzaron a seguir mis publicaciones (algunos para mandarme insultos y otros para felicitarme).

Gracias a eso gané popularidad y comenzaron a llamarme «El Gato Muerto de Hambre», porque, a pesar de recibir «el beneficio del Clap», me burlaba del asunto. Incluso recuerdo que hice un video, el «*Roast yourself challenge*», en el que decía: «¡Gato Muerto de Hambre, ese soy yo!». Entonces, valiéndome del hecho de que a las personas les gustaba mi contenido, se me ocurrió hacer dos reportajes referentes a la crisis en Venezuela, dos reseñas que hicieron que el canal explotara y que SINPUNTOCOM llegara a los 10 000 seguidores. Para ese momento la crisis estaba insoportable y era realmente difícil hacer cualquier cosa. Entonces, con mucho desanimo, me dije: «Me tengo que ir del país, ya no puedo hacer videos tan complejos. La única forma de continuar con mi canal es emigrar con la cámara al frente y contar todo lo que me pase de allí en adelante, aunque no tenga oficina. ¡Tengo que perder el miedo y enfrentarme a lo que venga! ¡Ahora seré un canal de calle!».

¡AY, MI VENEZUELA!

De Venezuela amo sus playas tropicales, sus montañas andinas y la niebla de los páramos. También amo los hermosos llanos de Apure, sus grandes planicies y sus rebaños de ganado. Amo Caracas con el Ávila erguido sobre el Mar Caribe, los chorizos y morcillas que preparan en la Colonia Tovar. Pero no solo amo sus paisajes, también a su gente buena, que es mucha, y que a pesar de la situación te invita a comer arepas rellenas con lo que haya en sus despensas.

Aunque no soy muy nacionalista, respeto todo lo que tenga que ver con la cultura de mi país: el himno nacional, su historia, los símbolos patrios. Todo eso lo admiro, aunque nunca compré la camiseta oficial del equipo de fútbol venezolano. Comprendo que es importante darle el valor y el espacio a nuestra cultura, ya que esta nos identifica, es nuestro punto de partida. Sin embargo, esto no nos asegura que la conservaremos toda la vida.

Siempre tuve la idea de que uno es un ciudadano del universo; las fronteras solamente delimitan diferencias culturales, los países pueden verse como granjas enormes donde podemos saltar la talanquera y conocer otras granjas con diferentes especies, colores y sabores. Yo agradezco todo lo que viví y aprendí en Venezuela. Hoy, que vivo en otro país, estoy conociendo nuevas manifestaciones culturales muy interesantes, con enfoques, desarrollos e influencias totalmente diferentes. Venezuela para mí fue un hermoso país que abrigó mi niñez y adolescencia, pero que lamentablemente ahora está lejos y distante. Se puede decir que fue un volcán que lentamente iba despertando, y en el momento en que hizo erupción trajo el colapso y la confusión. En ese instante tomé la mayor decisión de mi vida hasta ahora: salir de allí, huyendo de una avalancha de lava incapaz de detenerse y que hoy aún no tiene intención de hacerlo.

Sin duda Venezuela tiene lugares increíbles (el Salto Ángel es el más emblemático). Pero es usual, como en muchos otros países, que esos lugares sean desconocidos para sus habitantes. Y es que, en la mayoría de los casos, dichos lugares son designados como sitios turísticos, y quienes terminan disfrutando de sus paisajes y tesoros son los extranjeros. Lamentablemente yo no pude conocerlo, pero eso no impedía que me sintiera orgulloso de esos lugares tan hermosos y mágicos. Aun así, tengo la convicción de que algún día regresaré a conocer el Salto Ángel.

Es increíble que un país tan pequeño manifieste tanta diversidad, y con esto no digo que Argentina (el país en el que hoy vivo) no la tenga. Argentina es un extenso país con infinidad de climas que yacen distribuidos por zonas y en inmensas proporciones, presentándose cada uno solo en un punto específico del país: el clima árido o cálido solo se presenta en el norte; el clima templado, en el centro; y el clima frío, en el sur. Por su parte, Venezuela cuenta con climas muy similares, pero comprimidos en una extensión que se puede cruzar de punta a punta en 24 horas.

La Cordillera de Los Andes, lugar donde crecí, se caracteriza por ser una zona de mucho trabajo. En todas las casas de la región hay palas, picos, carretillas y toda clase de herramientas para labrar la tierra. Desde el preescolar se nos enseña a sembrar, ya que esta es una población que le da mucha importancia a la agricultura. La cantidad de fincas y terrenos fértiles abundan en ella. Además, lo que en ese suelo se produce es distribuido en todo el país. Una de las enseñanzas que te deja vivir en esa cordillera, y que se aplica tanto a la agricultura como a la vida, es el valor del trabajo duro, la paciencia y la constancia. Aprendes que para obtener un fruto debes sembrar una semilla, o tal vez dos o tres, ya que puedes tener alguna pérdida en la cosecha.

Conocí mucho de esta hermosa nación en mi niñez. Mi papá nos paseó por las carreteras nacionales. De hecho, nunca tuvimos la idea de salir de Venezuela, pues estábamos conformes viviendo en sus linderos. Teníamos la convicción de estar siempre en nuestra patria, de crecer, estudiar, desarrollarnos y morir en ese suelo. Para nosotros la emigración era algo impensable. Por el contrario, eran otras personas las que venían a vivir aquí desde otros países, personas que por culpa del hambre y de la guerra les daban la espalda a sus orígenes. Pero ahora nos tocó a nosotros: la situación cambió y la fragmentación social ha generado fenómenos como el que yo vivo: personas que comenzaron a amar un segundo país.

Sin embargo, mi vida en «La Pequeña Venecia» estuvo llena de pasiones y locuras. Hoy no me encuentro en Venezuela, pero decidí que sea cual sea el lugar en donde esté, voy a quererla y a cuidarla igual o más que mi segundo país.

Recuerdo que un año antes de irme compuse una canción: «Mi Venezuela». Es un regalo en el que expreso:

> «*No me considero el mejor ser nacionalista,*
> *pero en Venezuela tengo miles de conquistas.*
> *Tengo mis historias, mis canciones y mis noches.*
> *Tengo mis amores, argumentos y reproches.*
> *Tanto yo quisiera irme para el Orinoco,*
> *hacerme una choza, una fogata y un chinchorro,*
> *que me des todo lo bueno de tus riquezas,*
> *y correr desnudo por la flora guayanesa».*

CAPÍ
TULO 2

UNA DIFÍCIL DECISIÓN

«

Cuando tomas la decisión de irte,
tu corazón ya no late en la misma frecuencia
de quienes deciden quedarse,
y tus corazonadas te piden algo para trascender».

LUIS MORALES

¿Dejarlo todo e irse con nada? ¿Irnos solo con las cosas que caben en nuestra maleta? Mmm... ¡No es tan sencillo como parece! Cuando tenemos una vida tranquila, un hogar, es inevitable tomarles cariño a esas cositas que dan sentido a nuestro espacio. Cuando la opción de emigrar toca a nuestra puerta, son tantas preguntas las que invaden nuestra mente: ¿Qué llevar con nosotros?, ¿qué hacer con lo que no nos podemos llevar? ¿Es posible cargar con todo ese peso sobre nuestros hombros?

No queda otra opción que apostar por la sencillez y partir únicamente con lo indispensable, aquello que intuyes que puede servirte en el camino. Atrás quedará el obsequio que te dio tu mejor amigo el día que cumpliste catorce años, la lámpara que te regaló tu tía, o la colección de discos de la banda que más te gusta.

Confieso que antes de irme de Venezuela yo estaba saliendo con una chica, y como despedida le regalé algunos de mis discos, unos marcadores y unas notas; ella me regaló un avioncito de papel. Y aunque nuestra relación aún estaba floreciendo, puedo afirmar que es muy triste perder a alguien que te alegra los días y te transmite paz. Cuando tomas la decisión de irte, tu corazón ya no late en la misma frecuencia de quienes deciden quedarse, y tus corazonadas te piden algo para trascender. No todos tienen esa sensación al mismo tiempo, yo la sentí en el momento en que tomé la decisión. Entonces me vestí con mi ropa más bonita, o mejor dicho, la menos rota, pues hacía más de tres años que no compraba nada nuevo, me puse mis zapatos más decentes (no las Converse, que son mis favoritas; estas estaban vueltas añicos), y emprendí el viaje.

Algunas personas tardan un poco más en madurar la idea de emigrar (reconozco que también fue mi caso). Sinceramente pude haber migrado mucho antes, pero sentía que no estaba preparado, que no era el momento oportuno, y que mi cuerpo y mente no lo pedían. A pesar de la crisis, tenía la seguridad de poder sobrevivir a cualquier cosa, pero día tras día esa fortaleza fue desgastándose, y la hora de hacer el plan del aventurero se acercaba.

ADIÓS, VENEZUELA: UN VIAJE LARGO Y SIN RETORNO

Cuando tomas la decisión de emigrar de casa y lanzarte fuera de tu zona de *confort*, quedas indefenso, débil y lleno de miedos al saber que debes enfrentarte a lo desconocido. La persona indestructible dentro de ti muere por instantes, ya no tienes esas cosas externas que te daban fuerza, solo tienes lo que llevas en la maleta. Además, la incertidumbre es enorme, existen miles de posibilidades de fracasar, no visualizas el éxito en un lugar donde todo es extraño: la comida, las calles, la gente. Vienes de un pueblito conformado por más de 7 000 habitantes y de la nada te enfrentas a una de las metrópolis más grandes de Latinoamérica, donde viven millones de personas... ¡Es para volverse loco! Los primeros días lloras como un niño en tu habitación, y no quieres ni salir a buscar trabajo. Pero tienes que hacerlo, de lo contrario, te mueres de hambre.

Todavía recuerdo el día que abandoné mi casa: apagué la luz de mi cuarto, tranqué la puerta y subí las maletas al auto que heredamos de nuestro abuelo alérgico al Primperán (un Dodge del año 70). Mi papá nos condujo hasta la frontera de Colombia. Durante ese viaje que pareció interminable, el silencio reinó impetuoso, fiero, casi hiriéndonos. Mi papá se mostró frío y se mantuvo callado; él se quedaría en Venezuela mientras mi mamá y yo nos marchábamos en busca de una vida mejor, pero yo sabía que él estaba destruido. No puedo borrar de mi memoria el trastabillar del vehículo: tenía unos cuantos tornillos flojos y el piso de lata tenía varios agujeros a través de los cuales podía verse el asfalto; cabe destacar que para ese entonces los repuestos de los coches ya eran incomprables.

Mientras estaba en el carro pensaba en el hecho de que no volvería a mi casa en mucho tiempo. El viaje se nos hizo muy largo, rodando por una carretera a punto de derrumbarse, llena de huecos y barrancos horribles. ¡Si la ves te quedas loco! ¡En algunos tramos se inclina un poco más de 45°!, ¡hasta sientes que de un momento a otro el carro se volcará! Entonces, mientras el auto sigue su rumbo por la carretera, observas los pueblos llenos de niños semidesnudos, sucios y muy flacos pidiendo dinero; hasta parecen zombis de una película de terror. Luego poco a poco te vas alejando de la miseria y te encuentras con la Cordillera andina, con sus montañas y hermosos paisajes, y entonces dices: «*¡Wow!* ¿Qué estoy haciendo? ¿Por qué me voy si mi país es tan genial?».

Mientras eso sucede tu corazón palpita con mucha violencia, casi saliendo de tu pecho, y recuerdas que estás dejando atrás tu antigua vida. Luego llegas a la frontera y ves más niños desnudos y enflaquecidos, así como gente que viene desde otros lugares del país, también para convertirse en inmigrantes. Ese es el momento más duro: enfrentarte a la miseria en su máximo esplendor. Pero eso hace que recuperes el valor y digas: «¡Estoy haciendo lo correcto, ya la decisión está tomada!».

En la frontera te toparás con un mar de gente atravesando un pequeño cordón de seguridad. Es literalmente una enorme masa de gente haciendo fila para atravesar ese pequeño hilo. ¡Una locura! Entonces esas personas, una por una, son conducidas según las ordenes de los guardias de seguridad. Cuando llega el momento de mostrar el pasaporte para por fin salir, muchas de estas personas se acercan con temor, ya que a algunas les mandan a vaciar sus maletas para revisarlas a fondo, lo cual es muy molesto; vaciar las maletas y volverlas a llenar es toda una proeza. Además, muchas de estas personas abusan de la capacidad de almacenamiento de estas; hasta hay quienes les piden a sus familiares que se sienten encima de ellas para poder cerrarlas.

Una vez que muestras tu pasaporte te dejan pasar el primer cordón de seguridad. Después de pasarlo te encuentras con un montón de militares venezolanos, la mayoría de ellos con caras de odio. Ninguno saluda o te mira con agrado, y si lo hacen, seguro es porque quieren algo de ti. Después de este punto ya estás en manos de las autoridades colombianas. Ellos sí se muestran cordiales y respetuosos mientras te piden el pasaporte. Entonces, *¡plácata!*, ¡de inmediato ves el cambio!, ¡todo se siente más tranquilo y lleno de olores agradables!

Mi papá iba con nosotros cuando mi mamá y yo emigramos, caminando lentamente y cargando el equipaje de la que fue su compañera durante 28 años, quien en solo cuestión de minutos dejaría de serlo. En cuanto al auto, tuvimos que dejarlo en Venezuela, ya que no podíamos pasar con él hasta Colombia, y el Puente Internacional Simón Bolívar, que no hace mucho era un paso vehicular muy transitado, hoy es solo una trinchera llena de alambres de púas, y su pavimento es testigo de una crisis humanitaria, tan frágil y endeble que solo puedes pasar a pie por una puertita de dos metros. Papá, antes de regresar a Venezuela, nos abrazó y nos dijo: «Creo que es un hasta nunca, ¿no?». Yo le respondí: «Nos volveremos a ver». Entonces, sin llorar, se dio media vuelta retornando en busca del Dodge. No me quedaba la menor duda: mi padre era un hombre fuerte.

Después de despedirnos subimos a un taxi que nos llevó desde la frontera hasta el aeropuerto de Cúcuta. En la radio, una voz con acento colombiano decía cosas que en este momento no logro recordar. Lo cierto es que por alguna extraña razón me sentía incómodo. Al llegar al aeropuerto, una infinidad de tiendas nos dieron la bienvenida. No podía ocultar mi asombro en ese momento. Y es que, al observar dicho escenario, piensas: «Algo está pasando aquí: el aire huele rico, a pan recién horneado». Obviamente te emocionas y sonríes de oreja a oreja mientras tus ojos se iluminan. Además, muchas personas comienzan a escribirte desde Venezuela, sobre todo familiares y amigos, todos preocupados por saber cómo te encuentras.

Es extraña esa separación, algo que nunca has experimentado: y es que no eres turista, eres una persona que huye, y no hay fecha de regreso. Es como una especie de muerte dentro de la vida que has construido hasta ahora; literalmente dejarás de existir en tus círculos frecuentes. Cuando emigras, las cosas que dejas atrás siguen su curso natural, pero ahora sin ti. Irse es dejar que las cosas nuevas que encuentres te cambien, y si algún día vuelves, verás que todo sigue igual, menos tú.

En este momento llegan a mi mente las palabras de mi mamá: «¡No puedo creer que esté haciendo esto, no lo puedo creer!». Estaba muy nerviosa, era la primera vez que se subía a un avión. Por otra parte, mis padres tenían muchos problemas y casi no se soportaban, por eso ella decidió emigrar conmigo. Martha, más que una madre, es mi amiga, mi compañera de lucha. Actualmente ella y yo hablamos con extrema confianza de temas que hablaría con mis mejores amigos.

Después de un vuelo tranquilo llegamos al aeropuerto El Dorado, en Bogotá. Yo cargaba encima una laptop casi inservible (no podía ni reproducir un video), y un bolso hecho a mano por una tía llamada Rosa. Dicho bolso se veía súper andino, delatándonos en cualquier lugar al que llegábamos.

ODISEA EN EL AEROPUERTO

En el aeropuerto nos sucedió algo peculiar: recibimos una llamada de un tío. Nos dijo que a los viajeros que iban a Bogotá solo para hacer escala y no para quedarse en la ciudad, les devolvían un porcentaje del costo del boleto. Nos alegramos mucho porque eran alrededor de 100 dólares. ¡Era un platero! Así que nos dirigimos a las oficinas de la aerolínea para explicarles que ese era nuestro caso. Pero la felicidad nos duró poco, ya que para que se hiciera efectiva la devolución debíamos hacer el reclamo antes de entrar al aeropuerto internacional. Cuando se está allí dentro es como si no estuvieras en ningún país: te sellan tu pasaporte indicando que abandonas esa nación al momento de ingresar a la sala de espera de tu vuelo. Ahora estás en una zona internacional, como su nombre lo indica.

En las oficinas me dijeron que la única forma de reclamar ese dinero era anular los sellos de los pasaportes y salir del aeropuerto, lo cual sonaba complicado. Por otra parte, teníamos mucha hambre y poco dinero. Era preciso ahorrar. Ansiosos, pensábamos: «¡Rayos!, ¿qué hacemos?». Pero me decidí a recuperar esa plata, así que me apreté los pantalones y fui de regreso a la aerolínea. Apenas llegué le dije a la agente de servicio que me atendió: «¡Queremos anular el sello de entrada y salida de Colombia!». Estaba estresado. Todo era un ruido infernal. El personal de la aerolínea realizaba llamadas y llamadas. Una de las agentes intentó decirnos algo, pero en seguida repuse: «Quiero entrar y salir de nuevo de Colombia». En seguida llamaron a alguien de la aerolínea. Al poco rato se acercó un chico muy agradable, Camilo, y nos dijo que efectivamente nos anularían los sellos. Después nos llevaron a una oficina, ¡todo un protocolo aquello!, nos colocaron la equis roja en el pasaporte, la cual significaba «anulado», salimos y, *¡plácata!*: expulsados del aeropuerto internacional.

Luego nos dirigimos a un montón de taquillas, pero no sabíamos en cuál reclamar nuestro dinero. Preguntamos en todas, totalmente confundidos, pero nos mandaban de un pasillo a otro: «¡No es la taquilla de allá! ¡No, esa no es, es esa otra!». ¡Demasiado enredo! Ya teníamos una hora en ese proceso, corriendo de aquí para allá sin cesar, cuando por fin llegamos al sitio indicado. Allí el personal, quien nos veía de arriba abajo con una mirada no muy bonita, nos pidió el pasaporte y nos dijo: «Les devolveremos el dinero». En ese momento nuestros ojos se iluminaron por completo y juro que escuché un coro de ángeles cantar. ¡Y es que fueron más de 100 dólares los que nos ahorramos gracias a lo que hicimos! ¡Era mucho dinero para nosotros en ese momento! Recuerdo que brincábamos de la emoción como un par de niños. Entonces nos sellaron la entrada a Colombia y volvimos al aeropuerto internacional.

Cabe destacar que para la fecha el salario mínimo en Venezuela estaba, aproximadamente, en cinco dólares. Gracias a que mi familia tenía un negocio independiente, obtenía un ingreso mensual que oscilaba entre los 50 y 100 dólares. El dinero que recuperamos no era nuestro por completo, pues un amigo de un amigo nos había prestado 700 dólares antes de salir del país para terminar de pagar los boletos de nuestros vuelos.

De vuelta en el aeropuerto internacional caminamos un poco mientras esperábamos nuestro vuelo. Un rato después decidimos ir a comer. Teníamos mucha hambre y ya no la podíamos ignorar. Además, ¡teníamos dinero! Así que, felices, nos dirigimos a Burger King por unas deliciosas hamburguesas. ¡Hacía tiempo que no comíamos hamburguesas de franquicias internacionales! Por supuesto, pedimos la más cara. ¡Teníamos dinero de sobra! Recuerdo que devoramos las hamburguesas con todo el gusto del mundo. Minutos después anunciaron nuestro vuelo, lo abordamos emocionados. En el avión nos ofrecieron más comida, y obviamente no la despreciamos.

Llegamos al aeropuerto de Perú alrededor de las 10:00 a. m. Aquel era un lugar bonito y al mismo tiempo raro. Recuerdo que los agentes de seguridad no fueron tan amables con nosotros: revisaron nuestras maletas y nos hicieron botar algunos objetos; ¡tuve que lanzar al basurero una fragancia pirata que llevaba en la mochila!, ¡me dolió tanto en ese momento! Hasta el sol de hoy no he vuelto a comprar lociones.

Una vez que estuvo todo en orden, abordamos otro avión que nos llevaría a Argentina. Así, de Lima partimos a Buenos Aires; ese era el trayecto más largo. Volamos sobre cielo chileno y su cordillera, vimos los picos nevados, después una planicie inmensa y las tierras pampas de Argentina. Desde las alturas, los paisajes eran cuadros en tonos verdes, amarillos, marrones y grises. Parecía una partida de Tetris hecha con terrenos argentinos. Me sorprendieron los matices que lucían los pastizales (cualquiera diría que fueron construidos por alienígenas).

¡HOLA, ARGENTINA!

Ya en Buenos Aires comenzaron a asomarse ante nuestros ojos hermosos sitios: lagunas, residencias, construcciones imponentes y que producían miedo. Al final nos recibió una placa de concreto que parecía no tener fin; allí aterrizamos. *¡Wow!* Estaba asombrado. ¡Tantos edificios en un mismo lugar! ¡Tanto movimiento! ¡Tantas luces! ¡Por fin habíamos llegado a nuestro destino! Ahora nos tocaba enfrentarnos a una nueva vida, a una lucha que todavía seguimos librando. Pisar suelo argentino fue toda una experiencia. En el aeropuerto, antes de sellar el pasaporte, una agente de seguridad nos preguntó cuáles eran las intenciones de nuestra llegada al país. Yo le dije que mi único objetivo era trabajar duro y de forma legal, y que estaba dispuesto a hacer todo lo que fuera necesario para lograr mi objetivo.

Inmediatamente tomamos el tren desde Ezeiza hasta la capital: ese fue nuestro último trayecto del día. Aún no lo podía creer. Una decisión que horas atrás parecía muy difícil era en ese momento una realidad. Al principio sentimos miedo, pero luego todo empezó a fluir. Fue necesario dejarnos llevar, desprendernos de todo lo que no nos dejaba crecer. Comprendimos que era necesario soltar para ser libres. Tuvimos que borrar todo lo escrito en nuestro cuaderno para volver a empezar una nueva historia, sin prejuicios, sin paradigmas, dejando a un lado la inseguridad, pues no es solo cuestión de abandonar lo material, sino las cargas mentales que vamos acumulando por diversas circunstancias.

> «*Comprendimos que era necesario soltar para ser libres».*
>
> ——— **LUIS MORALES**

Cambiar de lugar es una oportunidad para descubrir cosas nuevas. Algunas personas no entienden eso: llegan y pretenden conservar lo que los definía y por esa razón viven en una constante lucha interna. Esta actitud puede ser frustrante, es imposible revivir las experiencias pasadas de la misma forma. Queramos o no, cuando emigramos a otro país entramos en un proceso de cambio y adaptación realmente difícil, y si insistes en ser la misma persona de forma impermeable, nunca formarás parte del nuevo entorno en su totalidad, y te quedarás estancado.

Conozco casos de personas que no logran integrarse a lo nuevo; de hecho, reúnen todas sus fuerzas para emular el mismo estilo de vida que llevaban en su país de origen, lo cual en cierta medida no está mal, porque es una manera de preservar las costumbres. Pero si nos damos la oportunidad de admirar una nueva cultura, ganaremos mucho, nuestra mente tendrá más espacio para aprender. Los argentinos se caracterizan por ser personas de corazón universal. Si eres universal te conectas con todos sin distinción. Pero si te encierras en tu pequeño círculo, no conocerás las maravillas del exterior. Es preciso ser astutos y saltar de mundo en mundo, eso es lo que te va a ayudar a *llegar con nada y ganarlo todo.*

> «*Si eres universal te conectas con todos sin distinción».*
>
> —**LUIS MORALES**

EL PAPEL DEL EGO

Este libro te ofrecerá técnicas sencillas para que poco a poco puedas adaptarte a tu nueva realidad, y así tu lucha sea más llevadera. Son cosas simples, pero que casi nadie pone en práctica. Una de ellas es hablar con cualquier persona que encuentres, ¡sin juzgar! Otra es escuchar sinceramente. Todos podemos oír, pero para escuchar se necesita estar atento y dispuesto. Puedes oír una bocina, una canción, un trueno. Escuchar es recibir, analizar, interpretar, comprender y aprender. La decisión de cambiar tu vida ya fue tomada, y el primer paso para dar ese cambio es la integración. Es la única forma en que todo comenzará a fluir.

También tienes que liberarte del ego sin matarlo por completo. Y es que si te encierras en tu ego y terminas encapsulado en ti mismo, en un constante «Yo, yo, yo», vas a terminar solo en una habitación y no vas a ser capaz de comprender el punto de vista ajeno. Por otra parte, si matas tu ego por completo, te vas a diluir y parecer un ser invisible ante la sociedad. Por ello debe existir un equilibrio: no debemos dejar morir el ego, pero tampoco debemos aferrarnos a él. El ego juega un papel muy importante en nuestro carácter, lo que nunca debemos olvidar es que tiene que existir un intercambio para estar bien por completo.

¡LAS POSIBILIDADES SON INFINITAS!

Abandonar Venezuela fue el reto más grande que he tenido que enfrentar hasta ahora, pero valió la pena. Al final se convirtió en un cúmulo de cosas geniales y emocionantes. Y es que a medida que pasa el tiempo las cosas se hacen más fáciles, y te das cuenta de que el miedo que te frenaba no merecía la importancia que le atribuiste en aquellos días de indecisión. Evidentemente esta visión la adquieres después de haber sufrido.

Una vez que sobreviviste a la tormenta, te sientas y contemplas las cosas con serenidad, y te dices: «Es simple, un día me acuesto a dormir en un país y al otro despierto en una nueva nación como si nada». ¡Las posibilidades son infinitas! ¿En qué momento se nos mete en la cabeza que movernos tiene que ser algo difícil, que tiene que ser una gran decisión? ¡No! Yo creo que la decisión más difícil para mí ahora sería decidir si quiero vivir o no. Pero gracias a la valentía que todos tenemos en el fondo, cualquier reto en este planeta resultará fácil de superar. Las decisiones te llevarán a nuevos lugares y a circunstancias que te harán crecer en algún aspecto de tu vida. Si te estancas en una sola decisión, caerás en un bucle y permanecerás atrapado en una sola experiencia por mucho tiempo, no trascenderás.

Cada bucle es un escalón y hay que tratar de durar el menor tiempo posible en él. Algunos serán turbulentos, habrá tornaditos y ríos crecidos, habrá charcos, te salpicarás, pero serán fuente de nuevas oportunidades. Cada mancha es un recuerdo, una experiencia, un momento; por ende, es más contenido para nuestra vida y nuestro crecimiento personal. Luego sopesaremos si nos conviene o no repetir esas experiencias.

Algo que aprendí de uno de los *influencers* más importantes de habla hispana, *Luisito Comunica*, es que nunca debemos conformarnos con una sola experiencia. Sí, estoy citando a otro creador de contenido (porque los creadores del siglo XXI son mensajeros de palabras que cambian visiones). En lo que a mí respecta, al cabo de un tiempo, la decisión más difícil terminó siendo la más sencilla y satisfactoria de mi vida hasta hoy.

Por eso les aconsejo que no lo piensen tanto. ¡Actúen! Pensar y pensar es el camino del cobarde; este mundo premia al pragmático y no al teórico. Evidentemente, si mantienes el equilibrio entre ambas cosas, llegarás más lejos. No te preocupes por lo que vas a perder, sino por lo que vas a ganar. Lo que tienes hoy es gracias a lo que sabes, y podrás tener eso y más. En la vida no importan ni los títulos ni las propiedades, sino la capacidad que tengas para aprender y actuar con dichos conocimientos; esa es la clave para salir victoriosos siempre. Debemos pensar que somos como una plastilina, es decir, moldeables. Debemos fluir como el agua hacia donde esta nos lleve, confiando en nosotros mismos, en nuestra resiliencia y en nuestro poder de superación personal.

CAPÍTULO 3

CORAZÓN Y EXILIO

«

Todo el que emigra es un héroe, y los héroes van por el mundo derrochando energía, superando todos los obstáculos, derrotando a todos los enemigos, golpe tras golpe, paso tras paso».

LUIS MORALES

Cuando llegué a Argentina no sabía todo lo que me esperaba ni a lo que me tendría que enfrentar. Estaba ansioso y emocionado, pero no pensaba en nada más que no fuera comenzar una nueva vida, sin detenerme a prestarle atención a los obstáculos que podría encontrarme en el camino. Ahora que vivo en Argentina pienso en lo fácil y difícil que fue todo el proceso. ¡Uy!, es como si me hubiera partido en dos mitades. Al principio llegamos en modo turista, evidentemente con muchos miedos que no mostraremos ante los demás, los cuales, junto con la angustia y la incertidumbre, nos hacen llorar en nuestra cama, sintiéndonos indefensos y desprotegidos. Sin embargo, cuando salimos de la puerta de nuestra humilde residencia, nos mostramos confiados y con una actitud positiva ante el mundo.

Los primeros días todo el mundo te dice: «Tranquilo, disfruta, pásala bien; ya después conseguirás un empleo». Suena fácil: «¿Empleo? ¿Qué tan complicado puede ser conseguir uno? Basta con entregar mi currículum en diferentes empresas. ¡Quién quita y me llaman con la primera solicitud!». Así que te relajas, disfrutas, como te dijeron, conoces nuevos sitios y aprendes cómo manejarte en los suburbios, te tomas unas cuantas fotos y las publicas en las redes sociales. No tienes plata, y sin embargo estás publicando en las redes, mostrando una vida falsa. Vas a Starbucks y compras un café con crema pastelera, y te sorprende el hecho de que escriban tu nombre en el vaso; eso te hace sentir importante. ¿Y qué es lo primero que haces?: ¡le tomas una foto al vaso y la subes a Instagram, donde seguro tendrá más de 100 *likes*! Entonces te sientes popular por unos segundos. Seguramente todo el que vea las fotos dirá: «¡Este carajo está triunfando!». ¡Nada más errado que eso!

Pero tú sigues disfrutando y tomándote fotos. La primera semana te tomas unas 10 al día; la segunda, unas cinco; la tercera, ninguna. La realidad comienza a golpearte en la cara hasta que te enfrentas a ella: es necesario conseguir un trabajo, pues tienes que «ganarte la vida» (una frase muy popular que te puede motivar o frustrar).

Así que decididamente preparas tu currículum y sales a comerte el mundo: «¿Qué tan complicado puede ser conseguir empleo?», te repites una y otra vez. Entonces te diriges a algún *cyber*, imprimes unas cuantas copias de tu currículum, compras unas cuantas carpetas, detectas la apatía con la que te atienden en la librería, y tomas una importante decisión: «¡Uy, no!, ¡de fotocopiador no voy a trabajar!». Tú quieres un empleo elegante, quieres conseguir algo que de verdad te apasione o al menos te guste. En mi caso dejé explícito en mi currículum que sabía tocar la guitarra. De pronto mi cabeza se iluminó y me dije sonriente: «¿Qué mejor sitio para empezar que una tienda de música?».

¿ALGUIEN PUEDE DARME UN TRABAJO?

Dicho y hecho: me fui directo a una tienda de música, con currículum en mano y la frente en alto. Cuando encontré una tienda me detuve enfrente. Al principio no me atrevía a entrar, así que permanecí un rato en la entrada, viendo hacia el interior del establecimiento, con mi carpeta y mis 10 currículums mal hechos. Pero al final me decidí y entré. Ya en el interior me dispuse a detallar el sitio, fingí demencia, me hice pasar como un cliente, aunque ya la tienda entera sabía que estaba allí buscando empleo. Pero al ver la cara de «pocos amigos» que tenía el cajero decidí echarme para atrás, en lugar de abordar a algún empleado para averiguar si estaban solicitando personal, y salí de la tienda sin entregar mis papeles. Sin embargo, luego de un rato volví a entrar, esta vez decidido a cumplir mi objetivo, valiente, dispuesto a guerrear. Así que me dirigí hasta donde estaba el cajero malhumorado.

—¡Hola!... Será que por casualidad de la vida en esta tienda... existe la posibilidad de que... bueno... este... —balbuceé nervioso.

—¿Vienes a entregar tu currículum, cierto? —preguntó el cajero.

—¡Sí, sí! ¡A eso vengo! —respondí con una sonrisa de oreja a oreja.

—Bueno, colócalo aquí... —me dijo señalando un lado de la mesa.

Entonces saqué mis papeles. Los había imprimido a color para dar una buena impresión, pues lo cierto es que nadie entrega su currículum a color, ya que «eso es de derrochadores». El cajero me miró de arriba abajo cuando le entregué los documentos, y luego me dijo: «Cualquier cosa te llamamos...». Me quedé un poco extrañado por la respuesta, pues yo pensaba que para conseguir un buen empleo solo era necesario entregar tus papeles y ya; creía que el mundo me necesitaba y me pedía a gritos que le entregara mi tiempo y esfuerzo. Pero créanme, la cosa no es tan fácil, compadres.

Después de descubrir que encontrar un empleo no es tan sencillo, lo único que quieres es encerrarte en tu habitación para replantearte las cosas y calmar los nervios que ocasiona salir de tu zona de *confort*. Pero tienes varias fotocopias de tu currículum y debes entregarlas todas. Así que vuelves a la calle, visitas tienda tras tienda, dejando una copia en cada una. En algunos lugares son más directos y te responden de forma franca y fría: «NO HAY TRABAJO». Eso te asusta, y hasta piensas que usarán tu CV como una hoja reciclable para escribir en la parte de atrás, y sí, eso pasará. Pero igual sigues intentando con todas tus fuerzas y energía positiva. En otras tiendas te dirán: «No sigas buscando, no hay empleo en ningún lugar». Eso te aterra, pero no debes parar. En otras te darán consejos: «¿Tienes conocidos acá? Generalmente los que consiguen trabajo vienen recomendados por alguien». Y también encontrarás a algunos que te alentarán: «Sé de personas que encontraron empleo en tal lado. En tal calle y en tal número seguro te reciben».

Entonces corres a ese lugar a buscar el anhelado empleo antes de que otros vayan y te ganen la partida. Pero cuando llegas resulta que dicho lugar es un huequito oscuro que da miedo, y decides no entrar ahí, pues la precaución ante todo. Entonces los días comienzan a pasar, sin empleo, sin dinero, y la desesperación y angustia empiezan a tocar a tu puerta... En ese instante optas por revisar ofertas de trabajo en Internet (es otra opción), pero te abruman las más de 600 solicitudes de personas esperando por un puesto. ¡¿600 solicitudes para conseguir empleo?! ¡Caramba! Además, algunos oficios demandan experiencia. Por ejemplo, para trabajar como lavaplatos te exigen como mínimo tres meses de experiencia. ¡Yo solo lavaba platos en mi casa! Y, por otra parte, los horarios eran absorbentes: ¡prácticamente desde la madrugada hasta la noche!

En ese instante entré en pánico: ¡no tenía ninguna entrada de dinero y ya se nos estaba acabando el que teníamos! ¿Qué carajos hacer? ¿Cómo superar eso? Pues la respuesta era entrar en «modo guerrero»; seguir adelante, porque si nos quedábamos encerrados y llorando, la situación empeoraría, y en momentos de crisis hay que salir, dejar el pellejo, patear y patear y patear las calles buscando oportunidades.

> «*En momentos de crisis hay que salir, dejar el pellejo, patear y patear y patear las calles buscando oportunidades*».
>
> **LUIS MORALES**

Así lo hice, aun desesperado seguí entregando mis papeles. Hasta llegué a publicar en las redes que me urgía conseguir un empleo. Sin embargo, a pesar de mi angustia, no estaba deprimido. Seguía intentando, ahora dispuesto a hacer cualquier cosa o a ejercer cualquier oficio: vendedor, bachero, barrendero, bañar perros, cuidar niños, viejitos; cualquier cosa que me generara ingresos. Confieso que llegué a sentir envidia de quienes tenían dinero de sobra para gastar. Me decía: «Qué hermoso debe ser trabajar, sentirme parte de este sistema económico y no estar en esta especie de limbo, caminando las calles de arriba abajo con unos papeles que resumen de forma torpe lo que ofrezco al mundo...».

20 MINUTOS DESPUÉS

Sin embargo, al pasar los días un conocido con el que había cruzado un par de mensajes por Instagram me facilitó un número telefónico y me dijo: «¡Luis, llama rápido y di que eres amigo de un tal Miguel!». Cuando llamé me dijeron que llevara el CV a la dirección que me habían dicho para postularme como vendedor. ¡Qué ironía!, pues justo dos días antes me había acercado a dicho lugar a entregar mi currículum, pero nunca me llamaron. Sin embargo, en esta ocasión me dijeron que debía llamar primero antes de entregar mis papeles.

Así lo hice, y en esta oportunidad no pasé desapercibido, sino que me hicieron subir por unas escaleras, y ¡uff!, a partir de allí las cosas cambiaron. Recuerdo que mientras las subía se escuchaba la canción «*My heart will go on*», de la película *El Titanic*, y una fragancia muy rica inundaba el lugar, todo muy armónico y muy bien pensado para que uno se sintiera como en casa. No pude evitar sonreír. Las escaleras de aquel sitio estaban tapizadas con una alfombra gris, y las paredes de las oficinas eran blancas con espejos enormes. Sin duda alguna, la elegancia reinaba en aquel lugar, las oficinas eran muy lindas.

Cuando ingresé a la sala de espera no había nadie. Sin embargo, unos minutos después apareció una chica:

—¡Hola!, ¿qué tal? ¿Eres el amigo de Miguel? —me preguntó.

—¡Sí, soy yo! Vengo a entregar mi currículum.

—¡Perfecto! Dame tus papeles y luego te llamaremos —me dijo.

No pude evitar sentirme un poco ansioso, pues al escuchar la respuesta de la chica, un pensamiento llegó a mi cabeza para quedarse allí, dando vueltas una y otra vez: «¡Uy, esa respuesta otra vez!». Sin embargo, aparentando calma, le entregué con una sonrisa mi carpeta con mi CV y la precaria (documento previo al DNI argentino con el que puedes trabajar de forma legal). Después me fui. Pero mientras estaba caminando, a dos cuadras del sitio, repicó mi teléfono.

—¿Aló? —respondí.

—Aló, ¿Luis?

—Sí, soy yo. ¿Con quién hablo?

—Te estamos llamando del lugar donde acabas de entregar tu CV.

—Sí, dígame... —respondí un poco confundido.

—Bueno, me comunico contigo para consultarte una cosa: ¿Tienes algún inconveniente en comenzar a trabajar mañana?

En ese momento mi cara fue un poema. No habían pasado ni 20 minutos desde que me había ido del lugar y ya me estaban llamando.

—¡No, por supuesto que no! —contesté emocionado.

—Perfecto... Pasa por aquí más tarde para que firmes el contrato.

—¿En serio? —pregunté sorprendido.

—Sí. Te esperamos.

¡HOLA, TRABAJO NUEVO!

Regresé al lugar a mediados de la tarde, feliz porque una oportunidad iluminó la desesperación que me embargaba. Allí me hicieron una entrevista. Al final me dijeron que estaba en condiciones para ejercer el cargo. El horario constaba de seis días laborales a la semana y 12 horas al día: de 07:00 a. m. a 07:00 p. m. Yo acepté sin dudar. Después de todo, 12 horas de trabajo no parecían un problema para alguien que estaba en una necesidad urgente.

Entonces, con una alegría inmensa firmé el contrato, hoja tras hoja, ¡creo que hasta vendí mi alma! Al siguiente día, a las siete de la mañana, me mandaron a un kiosco inmenso, a uno en el que se trabaja MUCHO. Dicho local queda entre las calles Reconquista y Tucumán, en la ciudad de Buenos Aires. El kiosco era INMENSO y en él vendían de todo: golosinas, regalos, comida, café, cigarrillos y hasta cerveza, todo tipo de cosas. ¡Hasta transmitían los partidos de fútbol!

En ese lugar hice todo tipo de tareas: lavar los platos, limpiar los baños, servir café, calentar medialunas y milanesas... Desde el primer día corría de aquí para allá... *¡Plácata, plácata, plácata!* Pero no me importaba, me sentía feliz porque tenía empleo. Mi primera tarea en el kiosco fue limpiar un espejo que estaba súper sucio, ¡fue horrible!; sin embargo, lo hice con cariño.

Al pasar los días me rotaban de kiosco en kiosco. En uno de esos cambios de local me tocó trabajar con un compañero venezolano, y resulta que, para mi sorpresa, él era el más explotador de todos los que allí laboraban. Era una persona muy regañona. Me decía: «Escúchame una cosita: vas a limpiar esto, esto y esto... Yo voy a fumarme un cigarro. Encárgate de todo mientras vuelvo». ¡Era un yugo trabajar con él!, ¡hasta me obligaba a hacer varias cosas al mismo tiempo! Esa situación me disgustaba porque él solo mandaba.

Recuerdo que un día me lanzó unos billetes en la cara para que los contara y me mandó a barrer al mismo tiempo. Yo traté de explicarle de la mejor manera que para poder hacer bien el trabajo debía enfocarme en una cosa a la vez. Pero el amigo enfureció, y su reacción fue hablar mal de mí frente a los supervisores. Uno de ellos, el de la Zona E, me abordó para preguntarme si de verdad me interesaba el trabajo; mi reputación había quedado manchada ante todos los jefes. Yo no podía perder el empleo, además, tenía una deuda de 700 dólares de los pasajes de avión.

Entre pasillos se rumoraba que un supervisor estaba a punto de «mandarme a la mierda» (eso se decía, literal). Obviamente yo estaba asustado, y para calmar la tormenta decidí hablar con dicho supervisor. Le dije que estaba muy apenado y que de verdad necesitaba el empleo. El supervisor fue receptivo, solo me cambió de zona, bajo la responsabilidad de otro supervisor.

En el nuevo kiosco vendían muchísimos alfajores. Pero resulta que para surtir la tienda, la cual tenía alta demanda, había que caminar más de ocho cuadras por toda la Calle Florida para traer bultos y bultos de mercaderías, y durante el día se hacían muchos viajes de ida y vuelta. ¡Ya te imaginarás el desgaste físico! Por otra parte, el depósito era subterráneo, y era necesario subir la mercancía por una escalera de caracol de aproximadamente cinco metros de altura. Además, todo se almacenaba bajo una compuerta metálica que era demasiado pesada y que se abría muchas veces al día (eso fortaleció mis hombros). ¡Mucho, mucho trabajo! Afortunadamente mi nuevo jefe era genial. Su nombre es Alexis Cabrera, un hombre laborioso y al que admiro mucho. Él me enseñó que un gran líder es aquel que no necesita gritar para hacer cumplir un objetivo.

EL AUTÓMATA

Sin embargo, con el paso del tiempo las 12 horas de trabajo sistemático comenzaron a afectarme. Mi creatividad disminuía. El trabajo me gustaba, pero no niego que era agotador: cargar bultos, reponer mercaderías, hacer inventarios, memorizar precios de productos y estar pendiente de las fechas de vencimiento, atender a cientos de personas y saber dar bien el cambio al cobrar, entre muchas otras actividades... ¡Nadie imagina todo el trabajo que debe hacerse para mantener un buen kiosco!

Al cabo de un tiempo entré en modo automático, mi subconsciente sabía que no quería estar ahí por siempre, por otra parte mi estabilidad dependía de ese sueldo. Debo confesar que, en lugar de soñar con música o videos mientras dormía (que era lo normal), empecé a soñar con el sonido de la caja registradora: ¡piiii, piii, piii...! Además, siempre tenía miedo de que al final de la jornada no me cuadraran las cuentas.

Estaba tan absorbido y embotado por el trabajo que al tercer mes entré en depresión; me dije: «¡*Wow*, soy una máquina de trabajo! ¿Qué fue lo que pasó? No siento esa chispa creativa que me hacía feliz». No había vuelto a tocar la guitarra, ya no cantaba, no dibujaba, seguía editando videos, pero perdía el entusiasmo (aunque esto último nunca lo abandoné, el único día libre que tenía lo dedicaba a grabar y editar videos). Los días pasaban como metralla, mientras yo, desde la caja registradora del kiosco de la Calle Florida 512, veía a la gente caminar de un lado al otro viendo las galerías. Sentía que la vida se me pasaba viendo por una ventana cómo los demás hacían sus cosas, y me di cuenta, triste, de que ese no era mi lugar en el mundo.

Me di cuenta de que la Calle Florida funciona de forma rutinaria. A las 7:00 a. m. llegan personas de traje comprando muchos cigarros, y también aparecen zombis con ojeras astronómicas y olor a alcohol que delatan una noche de excesos en los boliches. Al mediodía llegan aquellos que viven apurados comprando cualquier cosa para engañar al estómago, no tienen tiempo para almorzar como es debido. A mediados de la tarde llegan muchos brasileños, son los que casi se llevan la tienda entre sus bolsas, las cuales no les caben en las manos. A las 6:00 p. m. suena el tango, la misma canción de siempre: «Por una cabeza», de Carlos Gardel. Cinco segundos después, la gente aplaude. Es como si el público reaccionara al mismo *show* cada tarde. Se volvió algo predecible, un turista ve algo nuevo y fresco donde los demás ven rutina; yo estaba viendo rutina. Una vez arranca el tango, las ventas aumentan, la Calle Florida está despierta en su máximo esplendor.

Funciona como un ciclo, todos los días es igual, las preguntas de la gente en la calle siempre son las mismas: «¿Dónde queda el centro comercial Galerías Pacífico?», «¿Aquí recargan Sube (tarjeta de transporte público)?», «¿Dónde queda el subte?», «¿Qué hora es?». Sin ánimos de exagerar, respondía esas preguntas como 100 veces al día. Mucha gente venía llena de necesidades y urgencias, muy pocas te daban las gracias por tu servicio.

Trabajar con público es complicado, tienes que lidiar con toda clase de personas: mendigos que aparecen para pedir limosnas, ladrones dispuestos a llevarse mercancía... Suena contradictorio, sí, pero también tiene su lado genial: conocer a mucha gente y hacerte popular entre los que frecuentan el sitio. Cuando alguien es cordial y te trata bien, eso te alegra la vida, al fin y al cabo es bonito sentir que aprecian lo que haces por ellos.

Sin embargo, este tipo de trabajo pasa factura, como ya mencioné, y casi cuatro meses después me sentía un autómata, un ser humano sistematizado detrás de la caja registradora. Lo bueno de esto era que estaba trabajando y tenía dinero, pero no me sentía bien, no me sentía pleno. Y es que llega un momento en que la costumbre es adictiva, y de pronto te encuentras frente a otra decisión: «¿Quedarme o cambiar?», «¿Invertir mi tiempo o venderlo?». Lo único positivo que le vi a la falta de tiempo era que no podía gastar la plata, así que pude ahorrar tranquilamente, pagué mis deudas y ahora tenía un capital de emergencia.

NUEVAS EXPERIENCIAS

Sé que existen personas a las que les gusta este tipo de labor, respeto mucho a aquellos que todos los días atienden a cada cliente como si fuera un gran amigo. En el kiosco aprendí el valor de ser útil para los demás. Si algún día me veo en la necesidad de volver a trabajar en un lugar así, lo haría sin problema y trataría de hacerlo lo mejor posible. Sin embargo, esa vez tomé la decisión de renunciar y buscar otro camino. Ese fue un paso muy importante, pues me sentía estancado, había permanecido en ese bucle durante casi cinco meses. Como mencioné anteriormente, caí en depresión y tenía mucho cansancio físico y mental, ya que estar allí no era mi objetivo.

Sin embargo, no dejé de creer que vendría algo mejor. A partir de ese momento empecé a recuperar mis ganas de crear, de retomar las cosas que en realidad me llenaban y me emocionaban. Una persona no debe abandonar aquello que la hace respirar con alegría, sin importar si vive de ello o no. Podemos trabajar en otras cosas y hacer otras actividades, pero no debemos abandonar lo que nos desconecta de la rutina.

YPF: NUEVO TRABAJO

Tomé la decisión de renunciar al kiosco porque me arriesgué a probar suerte y a aprovechar una nueva oportunidad. Me comentaron que en una empresa llamada YPF (Yacimientos Petrolíferos Fiscales, S. A.) estaban buscando personal de Soporte Técnico, y pensé que era una gran oportunidad para hacer algo nuevo, no sabía mucho del tema, pero me lancé. Fui entonces a llevar mis papeles diciendo que tenía todos los conocimientos que requería la vacante (¡mentira, les gustó mi perfil y me hicieron unos exámenes de sangre!), luego me dijeron la famosa frasecita: «Nosotros te llamamos». Pasaron tres meses y ya había perdido la esperanza de quedar en esa empresa, pero entonces, *¡plácata!*, me llamaron: ¡el puesto era mío! ¡No lo podía creer!, ¡me habían aceptado! Mi alegría era muy grande en ese momento.

YPF queda en Puerto Madero (una zona de Buenos Aires donde vive gente muy adinerada), es una empresa de energía dedicada a la exploración, explotación, distribución y producción de energía eléctrica, gas, petróleo y derivados.

Debo reconocer que al principio sentí miedo, me sentía como una cucaracha en baile de gallinas, no sabía nada. Pero poco a poco me fui adaptando, prestaba mucha atención a cada cosa que me explicaban, si me equivocaba agachaba la cabeza y me dejaba corregir, obedecía a aquellos que tenían más experiencia que yo, trataba de trabajar más que los demás y no alimentar mi ocio. Así, rompí mi zona de *confort* y logré integrarme.

Me atrevo a decir que hasta ahora ha sido el trabajo más increíble del mundo. ¡Aprendí mucho y conocí a personas maravillosas! Trabajé en los 36 pisos de la lujosa torre administrativa de YPF, siempre vestido con camisa y pantalón de vestir, saltando del Sector de Contabilidad al de Geología, tomando café con las chicas de Recursos Humanos e instalando programas de diseño a los ingenieros. Recuerdo que una vez le borré sin querer todas las fotos familiares de la computadora a una secretaria, ¡fue uno de mis peores días!

Lamentablemente no me renovaron el contrato, pues unos equipos que se necesitaban para ese entonces no llegaron a tiempo y yo era uno de los encargados de su instalación. En ese momento me quedé sin tareas para hacer y aquel trabajo tan increíble se terminó. Sin embargo, no me quejo, al contrario, debo darle las gracias a todo el equipo de trabajo de ese lugar. ¡Gracias, YPF, por todo el aprendizaje, por la gente maravillosa y dispuesta a ayudar, por tus cafés de máquina, por la hermosa vista!

¡HOLA, SINPUNTOCOM!

Después de esa experiencia tomé una decisión que cambió el rumbo de mi canal de YouTube *«SINPUNTOCOM»*: me dediqué a subir un video diario al canal; sin embargo, solo aguanté un mes. A esta iniciativa la llamé *«#Sinpuntomaraton»*. Gracias a este *hashtag* pude expandir la comunidad de *SINPUNTOCOM*. Además, al ver que mi idea había tenido un efecto tangible, me dije: «No volveré a buscar empleo, desde ahora me dedicaré enteramente a trabajar en el canal de YouTube». Ese fue mi caso, vi YouTube como esa válvula de escape en donde podía desahogar mi necesidad creativa.

A propósito de esto, quiero darte algunos consejos:

1. Atrévete a colocarles nombre a las ideas que te surjan, luego lánzalas a la realidad, sin temor a la crítica, pues ella siempre va a existir.

> ***«Cuando crees en tus ideas y las compartes, llegarán nuevos enlaces a tu vida».***
>
> **LUIS MORALES**

2. Recuerda buscar algo que desarrolle tu creatividad, esa herramienta que te ayude a potenciar lo que disfrutas.

3. Cuando crees en lo que haces todo fluye de alguna manera. Cada una de esas ideas y proyectos que están en tu mente se pueden materializar. Ten en cuenta que para llevarlos a cabo, debes analizar el espacio y tiempo en el que estás, de esa manera vas a identificar los recursos con los que cuentas.

Creer en ti mismo es indispensable, eso es algo que debes trabajar todos los días. Esa seguridad debe estar enfocada en hacer de ti una mejor persona. Al principio puede parecerte absurdo, pero poco a poco, y con pequeños ingredientes, irás creciendo como persona. Esa fortaleza te ayudará a superar los estados de depresión, de miedo y de angustia. También debes trabajar tu cuerpo, es súper importante comer sano, hacer ejercicio, eso hará que el proceso de sanación sea más rápido. De una buena alimentación recibirás energía, muy útil para rendir al máximo frente a cualquier adversidad. Además, debes evitar el consumo de drogas y alcohol, ya que estas sustancias te sacan de tu centro y tus objetivos.

Si sigues estos consejos te llenarás de energía positiva y estarás alerta y dispuesto a desarrollar todo tu potencial. Si en algún momento te desvías de tu camino, no te derrumbes, somos humanos y tenemos margen de error. Recuerda que tú llevas las riendas de tu vida, te puedes perder, pero siempre puedes retomar el cauce del río en dirección a la realidad que quieres.

Deprimirse cuando llegas a un país nuevo es natural, pero es necesario afrontar la situación con valentía. Es peligroso quedar atrapados en el bucle de la depresión, esto te puede empujar a adicciones de todo tipo, a oscuros abismos de los cuales es difícil escapar. Todo el que emigra es un héroe, y los héroes van por el mundo derrochando energía, superando todos los obstáculos, derrotando a todos los enemigos, golpe tras golpe, paso tras paso. Y si por un revés del destino caen, se levantan heridos, cansados, pero se levantan. La guerra tiene batallas desesperanzadoras, de esas que te empujan a la resignación, pero aquel que es paciente y sabe que nada perdura sabrá apreciar incluso los momentos de tristeza.

CAPÍTULO 4

UN NUEVO MUNDO

«

Dar, recibir y agradecer son acciones fundamentales para triunfar en cualquier parte».

LUIS MORALES

Todos le tememos a la incertidumbre, a no saber qué pasará, a lo nuevo. Los cambios son duros, y muchas veces vienen acompañados de mucho miedo. Sin embargo, ellos son necesarios para nuestro bien. No podemos quedarnos siempre en el mismo lugar, ya que eso nos estancaría por completo. Debemos aceptar esos cambios y confiar en nosotros mismos, en que podremos adaptarnos a cualquier situación que se nos presente y enfrentar nuestros temores.

Por ejemplo, con el gran cambio que implica emigrar, a lo primero que debes enfrentarte cuando llegas a un país nuevo es al montón de manifestaciones culturales que lo caracterizan, a una idiosincrasia ajena y a una dinámica social muy distinta a la que estabas acostumbrado. Es normal que de entrada uno no sepa cómo integrarse; hasta podemos cohibirnos por aquella gran ola de desconocimiento e incertidumbre que se presenta ante nuestros ojos.

Cuando llegué a Argentina me impresionó ver a muchas personas en la calle con una cosa llamada «mate», la cual me pareció un poco medieval y hasta misteriosa. Incluso llegué a pensar que estaba en medio de un montón de hechiceros.

Los mates eran algo nuevo para mí: «¿Un pitillo metálico al que le dicen bombilla? *¡Wow!*». Entonces, ante eso que para ti es desconocido pero que para el resto de la gente de ese país es normal, comienzas a preguntarte: «¿Cómo actúo? ¿Cómo respondo al respecto? ¿Cómo paso desapercibido para que no me vean como una cosa rara?».

Para sentirte en casa debes aplicar el *«parecer» antes del «ser»*. Mimetizarnos y copiar las costumbres de la mayoría es una opción para ponernos en los zapatos de la persona local. Con el tiempo ocurrirá algo particular: esas costumbres se naturalizarán en nosotros y poco a poco comenzaremos a ser parte de ese nuevo mundo. Yo ahora tomo mate todas las tardes y soy parte de ese movimiento extraño, ese movimiento matero. ¡Aguante el mate! Pero, de lo contrario, si juzgamos, criticamos y no experimentamos, nunca nos sentiremos parte del entorno, y viviremos encerrados en una pequeña burbuja, dando vueltas en nuestro propio sistema, y aislados del mundo exterior. El empeño por defender algún argumento, alguna idea o creencia, nos limitará a largo plazo.

Yo me integré de esa manera: comiendo la comida que todos comían, bebiendo lo que todos bebían, vistiendo como todos lo hacían, así pude desarrollar mi visión como uno más, para luego sentirme en casa en cualquier lugar. Cuando logras eso, lo logras todo, porque en tu casa siempre podrás hacer lo que quieras. Ahora imagínate que tú haces del lugar que quieras tu propia casa, eso suena mucho mejor, ¿no crees? Por eso no debes limitar tu casa a un espacio físico.

> *«Haz de cualquier espacio tu propio hogar, haz de cualquier país tu país, pero hazlo de verdad».*
>
> **LUIS MORALES**

ABRIR NUESTRA MENTE A LO NUEVO

Mantener nuestras costumbres nos hace originales, ser originales no quiere decir aislarnos del resto del mundo, porque, al fin y al cabo, somos seres humanos, no extraterrestres, y compartimos el mismo planeta. El secreto para ser originales es tomar lo que ya existe y darle un toque personal, mostrarlo, compartirlo con nuestros iguales. ¿De qué sirve una idea original si la guardamos en nuestro baúl? ¡Escondida no generará ningún impacto en nuestro entorno! Por supuesto, esto no significa olvidarnos de apreciar las ideas ajenas y generar el intercambio.

No es bueno caer en el error de rechazar sin motivo lo que nos ofrece el nuevo mundo al que llegamos; de hacerlo, los demás dejarán de ofrecerte otras cosas que les encantaría compartir contigo. A todos nos gusta compartir nuestras costumbres, y si te muestras escéptico, demostrarás que las del nuevo país son una molestia para ti y terminarás cerrando las puertas de la culturización, que es la clave para aprender muchísimas cosas. Por eso ¡ábrete, recibe y comparte! Eso no quiere decir que debes adaptarte al pie de la letra y transformarte del todo, puedes conservar tu propio criterio, tu punto de vista, dejándote influenciar por lo nuevo, haciendo una mezcla interesante y divertida con lo que ya tienes.

> *«¿De qué sirve una idea original si la guardamos en nuestro baúl? ¡Escondida no generará ningún impacto en nuestro entorno! ¡Ábrete, recibe y comparte!».*
>
> —— **LUIS MORALES**

Pero... ¿qué pasaría si optamos por ser unos inadaptados?, ¿si nos dedicamos a criticar, a decir que todo a nuestro alrededor está mal?, ¿a burlarnos porque aquí, en lugar de café, beben mate? Aparte de ser una actitud infantil e irrespetuosa, desde ese instante comienzas a cavar la tumba de un sinfín de oportunidades. Dar, recibir y agradecer son acciones fundamentales para triunfar en cualquier parte. Dar las gracias, aceptar, y abrazar las oportunidades es lo que va a permitir que la abundancia llegue hasta ti. Ser agradecidos es indispensable para que podamos adaptarnos a un nuevo entorno.

No digo que tengas que renunciar a lo que aprendiste en el pasado. Conozco a personas que llegan a un nuevo país y conservan su cultura, viven su vida igual que en su país de origen, y recrean el ambiente que tenían en sus viejos hogares. Su estado mental los lleva a ordenar todo lo más parecido posible: el mismo menú, el mismo mercado... Es admirable encontrar en una misma población diversidad de costumbres que a futuro conservarán parte de nuestra antigua cultura, a pesar de no ser nuestro país originario. Es como si hoy encontráramos una comunidad intocable de egipcios. ¡Sería maravilloso e interesante para todos! Podemos conservar parte de nuestros orígenes; si lo compartimos, sin implantarlo, en el momento más oportuno, seguro será bien recibido.

> *«Dar las gracias, aceptar, y abrazar las oportunidades es lo que va a permitir que la abundancia llegue hasta ti. Ser agradecidos es indispensable para que podamos adaptarnos a un nuevo entorno».*
>
> **LUIS MORALES**

Buenos Aires es una ciudad en donde muchos inmigrantes conservan parte de su idiosincrasia. En las calles encontraremos personas de Bolivia, de Perú, Italia, Uruguay, Brasil, Colombia, Francia, Estados Unidos, China, y la lista no termina... Adonde quiera que vayas encontrarás personas diferentes, con realidades muy distintas, pero todas conviviendo en armonía. Es allí donde se genera la diversidad. Un lugar pluricultural te hará crecer y te ampliará tu visión del mundo. Cuando regreses a tu casa, después de la jornada, habrás visto tantas cosas en un día... Yo tardé un poco en decir con libertad: «¡Pertenezco a este sitio!».

«PARECER» ANTES DE «SER»

Como te dije anteriormente, en algunas ocasiones es necesario *«parecer» antes de «ser»*. Aunque no es una regla, te puede facilitar las cosas. Ya hablé de lo indispensable que es ser agradecido de forma honesta. Otro ingrediente que nos enseñan desde que aprendemos a razonar es: *escuchar antes de hablar*. Desde que estamos en el colegio nos dicen que *«oír»* y *«escuchar»* no son la misma cosa. *«Oír»* es un acto mecánico, es como cuando estamos en la calle y percibimos los ruidos ocasionados por los autos, pero ni siquiera pensamos en ello. *«Escuchar»* es involucrar nuestra razón en el proceso: analizamos, comprendemos, asimilamos y obtenemos conocimiento; escuchar cambia nuestras vidas. No imaginas lo importante que es escuchar a los demás, prestar atención a lo que te dicen, ya que esto te dará el poder de accionar de manera correcta ante quienes te rodean, y desarrollar la empatía. Cuando eso ocurre, los demás se sienten cómodos contigo porque los escuchas, y por ende te querrán escuchar también.

Yo conocí a muchas personas que llegaron a este lugar y cometían el error de comparar y criticar. Salían a la calle y comparaban su vida pasada con cada experiencia nueva. Cada sitio, cada árbol, cada edificio los comparaban con los sitios, árboles y edificios que una vez estuvieron presentes en sus vidas. Se lamentaban de su suerte, hablaban y hablaban de lo que fueron y ya no son, del «Yo era esto», «Yo hacía esto», «Yo iba a ese lugar» (y ya no soy, no hago ni voy)... ¡Eso es un grave error! Lo único que consiguen con esa actitud es aferrarse al pasado. Eso no suma nada a sus nuevas vidas y, en consecuencia, son incapaces de adaptarse por completo. La persona que se integra sale a la calle a aprender y emprender, escucha y agradece, amanece siendo una persona y se acuesta siendo otra, más fuerte, más capaz. Son personas siempre dispuestas a que cada persona y cada cultura les afecte de manera positiva.

Esta nueva sociedad nos va a ofrecer todas las herramientas para crecer y para integrarnos, pero también nos pondrá obstáculos en el sendero, los cuales pueden conducirnos al fracaso. Somos nosotros los que tenemos que filtrar lo que nos puede hacer crecer y hacernos exitosos. Es tu decisión convertirte en un gran empresario o artista, en un profesional por vocación, o terminar en manos del vicio, apartado, y viendo cómo los demás persiguen lo que quieren, mientras tú te quedas sentado y de brazos cruzados.

LA IMPORTANCIA DE ESCUCHAR

Cuando yo salía a la calle lo que hacía era hablar, hablaba todo el bendito día acerca de mí y de mis pasadas experiencias. Entonces llegaba a casa exhausto, sin energía, sin saber la razón. ¿Cómo no me iba a cansar si estaba desperdiciando mi energía? Lo que estaba haciendo era quemar mis neuronas en cosas inútiles, dando vueltas como el perro que quiere morderse la cola, repitiendo las mismas cosas.

Cuando noté todo aquello me dije: «¡Esto no puede seguir así! ¡Tengo que hacer algo!». Fue entonces cuando leí *Cómo hacer amigos e influenciar a las personas*, un libro que cambió por completo mi forma de ver las cosas; al leerlo comprendí la importancia de escuchar de forma sincera. Aunque no fue fácil al principio, comencé a prestar atención a los demás, con aprecio y empatía, y entendí que todos tenemos una historia, que estamos en un proceso de aprendizaje, que, en diferentes ramas y puntos específicos, somos seres inteligentes, y en especial, que podemos aprender los unos de los otros.

> *«Cuando escuchas dejas de lado el orgullo, entonces los demás comparten contigo sus triunfos y su apoyo».*
>
> **LUIS MORALES**

Cuando me permití escuchar, fueron muchas las personas que me revelaron sus sueños, sus ilusiones y sus utopías. Aquellos con los que día a día compartí me dejaban lleno de fuerza e inspiración. Al final de la jornada llegaba a mi casa con ganas de seguir escuchando, me sentía como una hoja llevada por el viento, tranquilo y nutrido.

Para mí, las conversaciones deben ser como un partido de *ping-pong*, en el que las palabras vayan y vengan de un lado a otro; lo ideal es que sea un proceso de intercambio de información honesto y equitativo. No se trata de guardarte lo que te digan, sino de compartir tus puntos de vista. Tú me dices lo tuyo, yo te digo lo mío, y ambos nos influenciamos mutuamente, y a partir de ese momento formamos conceptos nuevos. Entonces, aunque cada uno, después de platicar, se vaya a su casa, en nuestras mentes quedará guardado algo de cada uno. Esa es la verdadera esencia del escuchar: compartir lo que somos.

Todo está en la comunicación y en la retroalimentación: podemos llegar a cualquier sitio sin nada, sin un centavo, pero las palabras siempre están con nosotros. Saber usarlas es una forma segura de *ganarlo todo*.

EL CICLO ETERNO

Desde niños se nos prepara para formar parte de la sociedad. Primero con cosas pequeñas: tus padres te dan tu propio cuarto, te inscriben en una escuela... Entonces mantienes una rutina desde que te levantas hasta que llega la hora de dormir. Así creces, y la vida te exige nuevas cosas: que busques tu propio espacio, que te mudes de la casa de tus padres. Además, tienes que cursar una carrera (si te gradúas con honores, mejor todavía), y luego conseguir empleo. Al final de ese largo viaje caes en la rutina: de la casa al trabajo-del trabajo a la casa. En ese vaivén haces amistades y formas una especie de ramificación cerrada, en ella te mueves como pez en el agua, aunque por desgracia este es un sistema limitado, pues es como si fuera una burbuja o caja en la que estás metido.

Entonces llenas tu círculo de experiencias repetitivas, insípidas, hasta que llega un punto en el que te estancas: siempre las mismas personas, el mismo trabajo, las mismas experiencias, los mismos lugares... Hasta cierto punto eso te hará sentir seguro, conforme. Pero el tiempo transcurrirá de forma lineal, sin enriquecerte. Y llegará un momento en el que notarás que aquello que construiste comienza a presentar fallas: gente que se muda a otros sitios, que muere, cambias de trabajo... Entonces te das cuenta de que la vida cambia así no quieras; es un ciclo eterno.

¡CONQUISTA EL MUNDO! ¡ROMPE LA BURBUJA!

Mientras más te relaciones con las mismas personas, mayores serán las posibilidades de que dicho sistema presente fallas. Caerás en la repetición y en el ocio, y cuando el ocio aparece la mente comienza a degenerarse. El ocio es el peor enemigo que podemos tener, pero esto será inevitable si seguimos apostando por la monotonía.

En cambio, si apostamos por salir a la calle a conquistar el mundo, este nos premiará con abundancia (ya sea en forma económica o espiritual). El día en que revises tu pasado dirás: «*¡Wow!* ¡Cómo he crecido!». Esos viejos entornos ya no formarán parte de ti. Mirarás atrás y te sentirás orgulloso de todo lo que has alcanzado hasta ese momento. Y también podrás rescatar aquellas cositas que quizás dejaste olvidadas en el camino (estas pueden ser familiares, amigos, proyectos...), pero siempre con la idea de seguir avanzando y de conquistar nuevas alturas.

> «*Si apostamos por salir a la calle a conquistar el mundo, este nos premiará con abundancia».*
>
> —— **LUIS MORALES**

«Es mejor crecer junto a los demás y no sobre los demás». Yo siempre tengo presente este dicho. Y es que en ocasiones encontrarás personas que no se esfuerzan lo suficiente para alcanzar sus sueños, y sin embargo, tendrás que

trabajar junto con ellas. No las juzgues, intenta inspirarlas. Si te ignoran, déjalas, no trates de cambiar a alguien que en realidad no quiere. Si triunfas (que es lo más probable), comparte tu alegría, y si es el otro el que triunfa primero, también celebra. Algún día sus caminos se van a separar, lo que importa es lo que se aportaron el uno al otro. Todos llegamos a este mundo para conquistar montañas, no todos al mismo tiempo, pero sí para disfrutar del mismo panorama y sus infinitos paisajes.

CAPÍTULO 5

LLEGAR CON NADA Y GANARLO TODO

«En lugar de seguir los sueños de los demás,
es mejor salir a conquistar los tuyos».

LUIS MORALES

Llegar con nada y ganarlo todo es una filosofía de vida. Pero para lograr vivir de ese modo debemos acostumbrarnos a visualizar el mejor resultado y apostar por él; esa es la única forma de generar un impacto contundente. Al llegar a un nuevo país lo primero que debes decirte es: «¡Voy a conquistar el mundo!». Eso no quiere decir que vas a convertirte en un dictador: la conquista es siempre personal.

Para *llegar con nada y ganarlo todo* es necesario abandonar la negatividad, los paradigmas y tabúes; esto es una lucha diaria. Si vamos a llegar con *nada*, ¡es con *nada*! Es decir, llegaremos sin arrogancia, sin prejuicios, sin exigencias, llegaremos vacíos..., como llegan los bebés a este mundo (por eso es válido llorar y sentir miedo). Por ende, hay que construir desde cero, desde abajo, bloque tras bloque lograremos armar una pirámide.

Quizás te haya servido todo lo que aprendiste en el pasado, antes de ser inmigrante, pero en este punto no te va a funcionar de la misma forma: hay que desaprender para aprender cosas nuevas. Podemos tomar algunas experiencias, seguramente algunas de ellas serán útiles.

Para integrarnos y triunfar tenemos que llegar sin creernos más que nadie, arrodillarnos para agradecer, pues quien se arrodilla recibe, es escuchado. No podemos recibir si estamos de pie, hay que postrarnos, aunque suene extraño. Llegará un día en que, a punta de esfuerzo y humildad, podremos estar a la misma altura, y ser nosotros los que ofrecemos bondades.

> «*Para integrarnos y triunfar tenemos que llegar sin creernos más que nadie, arrodillarnos para agradecer, pues quien se arrodilla recibe, es escuchado».*
>
> —— **LUIS MORALES**

El éxito no se resume en ganarse millones de dólares, pues el dinero es solo una de las esferas que conforman nuestra calidad de vida, no es nuestra vida. Son muchas las cosas las que hacen que una vida sea integral: el amor, la salud, la familia, la amistad. Alcanzar la plenitud en todas ellas puede ser muy complicado si limitas tu mente, ya que la mente es la única que puede decidir si somos exitosos o fracasados.

Si apostamos por la abundancia, es fundamental ser permeables y maleables. Esta es la clave para que lo bueno llegue a tu puerta. Pronto dirás con toda tranquilidad y plenitud: «¡Llegué a este sitio sin nada, pero gracias a mi esfuerzo y entrega lo obtuve todo!», pero sin una mente abierta, serena, sin límites, es imposible. A veces nos dejamos influenciar por ideales ajenos, nos los tatuamos en nuestra mente, como si ellos fueran la única verdad absoluta, pensando que con ello llegaremos muy lejos. ¡Nada de eso funciona! En lugar de seguir los sueños de los demás, es mejor salir a conquistar los tuyos.

> *«Si apostamos por la abundancia, es fundamental ser permeables y maleables. Esta es la clave para que lo bueno llegue a nuestra puerta».*
>
> **LUIS MORALES**

Me pone triste saber que alguien que llegue a un nuevo mundo, a un nuevo país, tal vez con algo de dinero en el bolsillo, solo se dedique a lucir su ropa, pretendiendo ser admirado por lo material, pretendiendo ser alguien que no es. El dinero es una gran herramienta, sí, y debes aprender a ganarlo y manejarlo sin convertirte en su esclavo. Estudia y trabaja para ello, sé autodidacta, atrévete a buscar información para tu vida mientras todos juegan *Fornite*. Lo peor que puedes hacer es quedarte de brazos cruzados y esperar a que las cosas te lleguen por arte de magia.

PRACTICAR EL DESAPEGO

Ganarlo todo quiere decir disfrutar lo que la vida nos ofrece en el camino, e ir mejorando y reflexionando con cada error cometido. Aparecerán cosas muy lindas, las cuales querrás abrazar con todas tus fuerzas; sin embargo, a pesar de esto, deberás soltarlas sin protestar cuando sea necesario hacerlo. El mundo te lo da todo, pero no pretendas adueñarte de nada. El egoísmo nunca es bueno, este detiene el flujo de la abundancia y de la vida. Las cosas van y vienen, aparecen y desaparecen, siempre en la proporción justa. El egoísmo excesivo te encierra, te encasilla, te sabotea. ¿Por qué y para qué ser egoístas cuando la existencia no nos niega nada?

> *«El mundo te lo da todo, pero no pretendas adueñarte de nada. El egoísmo excesivo te encierra, te encasilla, te sabotea».*
>
> —— **LUIS MORALES**

«La vida es un chiste... No te tomes la vida tan en serio». En alguna ocasión escuché esa frase, ¡la cual me pareció tan acertada! Lo que quiero decir es que debemos fluir según las circunstancias. Para *ganarlo todo* hay que entender que las oportunidades irán apareciendo a medida que luchamos. Por eso hay que estar preparados mentalmente, entender que la abundancia nos espera por doquier, en cualquier parte del planeta, que nuestra vida no será suficiente para disfrutarlo todo, que hay para escoger, y que podemos vivir tranquilos y sin miedo.

Una vez una gran amiga me dijo: «No imaginas cuánto anhelo llegar a viejita y poder disfrutar viendo mis arrugas. ¡Pensar en eso me hace inmensamente feliz!». Eso cambió mi forma de ver la vejez, y es que inevitablemente vamos a envejecer. Las arrugas que aparecen en nuestro rostro son las huellas de lo que hemos vivido: alegría, tristeza, rabia, dolor, odio, amor... Todas las emociones y recuerdos están ahí marcados. Esas arrugas serán un reflejo de la persona que somos hoy, la que fuimos, de las decisiones que tomamos, si subimos la montaña o si decidimos quedarnos sentados en su base.

Envejecer es aceptar que después de alcanzar la cúspide debemos emprender el camino de vuelta. Si pretendemos quedarnos arriba, empezaremos a entorpecer el flujo de otras personas que también merecen conocer la cúspide.

Solo alguien egoísta cometería ese error, y el pago de esa actitud puede ser un descenso fatal y no progresivo.

Para muestra de ello un botón: hoy muchos venezolanos nos encontramos regados por el mundo, lejos de nuestros antiguos hogares, por culpa de una persona que se acostumbró a estar en la cúspide de la montaña. Y fíjense, su final no fue progresivo, sino abrupto, como una avalancha. Descender de la cima es algo muy bonito: después de la gran altura y del horizonte a lo lejos, es necesario volver a adentrarnos en la espesura del bosque, en ese espacio primaveral. Cuando estés de regreso a los pies de la montaña dirás: «*¡Wow!* ¡Qué hermoso el trayecto que acabo de conquistar! ¡Aprendí mucho mientras subía, mientras estuve en la cima, y mientras descendía! ¡Ahora me siento tranquilo, más maduro y realizado! Sí, alcancé mi objetivo: llegué con nada y lo gané todo. Ya no es necesario que permanezca allá arriba, pues ahora llevo la altura conmigo».

BONUS

HELADOS LUISITO

Recuerdo que cuando era niño mi hermano trabajaba vendiendo golosinas en un club que mi papá administraba. Gracias a eso compró muchos juguetes y otras cosas. Desde entonces comprendí que el esfuerzo rinde frutos. Entonces me dieron ganas de hacer lo mismo, pues sentí una envidia sana. Pero ¿cómo reconocer si la envidia es sana o no? La envidia negativa ve cómo alguien captura un pez, y entonces desea ese mismo pez; quiere tener uno sin esfuerzo; la envidia mala ve con malos ojos. La envidia sana ve con ojos tiernos y se pregunta de dónde salen tantos peces, va al río y lo contempla, hasta que descubre que este último es fuente de saber: *la envidia tiene que transformarse en deseo de aprendizaje.*

Muchas veces envidiamos al compañero que sacó la máxima nota en el curso, pero nunca tomamos en cuenta el esfuerzo que realizó para poder sacar esa nota. Se trata de envidiar el río, no envidiar al pez. Si te comes el pez de otro, al final quedarás con hambre. **En cambio, si vas al río y lo contemplas, encontrarás muchos peces para comer y saciarás tu hambre.**

> «*La envidia mala ve con malos ojos; la envidia sana ve con ojos tiernos. Esta última te hace saber que la envidia tiene que transformarse en deseo de aprendizaje».*
>
> — LUIS MORALES

Sí, envidiaba a mi hermano, pero de una forma sana. Quería hacer lo mismo que él para también ganar mi propio dinero y valerme por mí mismo, por lo que un día, decidido, me acerqué a mis padres y les dije: «Yo también quiero trabajar, aprender y ganar dinero». Entonces a mi mamá se le ocurrió una idea: «Bueno, ¿por qué no te dedicas a vender helados de vasito?». ¡Esa era una excelente idea! Con una gran sonrisa puse mi plan de vendedor en marcha, y a los pocos días compramos una pequeña cava de anime en la que guardaríamos los vasitos de helado para que se mantuvieran fríos.

Recuerdo que mi papá escribió con un marcador en uno de los lados de la cava: «¡HELADOS LUISITO!». Para entonces yo estaba un poco pasado de kilos, y además de vender los helados, también me los comía. Por otra parte, yo no sabía sacar las cuentas para dar el vuelto. Afortunadamente las personas que estaban allí eran honradas: estas me abrían mi bolso, pagaban y se daban el cambio ellas mismas.

Así empecé, caminando de aquí para allá con mis «HELADOS LUISITO». A veces no obtenía ganancias, otras veces vendía todos los helados. Recuerdo que un día yo no tenía ganas de salir y vender los helados, y mucho menos de ir caminando hasta el club, aunque este no quedara tan lejos de mi casa. ¡Lo cierto es que tenía una flojera inmensa! Entonces se me ocurrió una gran idea: «¡Ahora voy a vender los helados en mi bicicleta!». Así que amarré la cavita a mi bici y me fui pedaleando hasta el lugar.

Ya en el club, en lugar de vender los helados caminando, pasaba torpemente entre las mesas usando la bici y ofreciendo así el dulce y rico postre; sin embargo, en algún punto tropecé y caí sobre la cava. Obviamente la cava se rompió y los helados rodaron por el piso. ¡Fue un desastre total! Como imaginarás, ese día no obtuve ninguna ganancia, y me regresé a casa triste y adolorido por el golpe. ¡Por eso dicen que el perezoso trabaja doble!; ¡si me hubiese ido caminando nada de eso hubiera sucedido!

Lo cierto es que vender helados me enseñó muchas cosas: cómo se trabaja, el valor del compromiso, la importancia de vencer la pereza, que la constancia rinde sus frutos. Comprendí que valía la pena salir a ganarnos lo que queremos. También recuerdo que cuando estaba de vacaciones me dedicaba a hacer actividades que me generaran dinero, como vender refrescos en la avenida principal del pueblo, o fresas con crema en las ferias turísticas... A los siete años ya yo era todo un trabajador, lo que me ayudó mucho para mi futuro, pues aprendí a ser independiente y a ganarme mi propio dinero.

Siempre he dicho que es bueno que los niños trabajen, porque eso les enseñará a valerse por sí mismos en el futuro. En mi caso, con una pequeña cavita pude formarme una mente financiera. Inculcar el amor al trabajo es muy importante en los primeros años de nuestra vida.

MORALEJA

Los niños que crecen siendo complacidos en todo presentarán dificultades para adaptarse a su entorno y ser adultos independientes. Lo ideal es enseñarles el valor al trabajo y a ganarse lo que desean.

Bs.F. MI PRIMER ROBO

Yo tenía 10 años y estaba en cuarto grado de primaria en un colegio católico cuando sucedió aquello. Recuerdo que en el colegio tenía un compañero muy adinerado. Él siempre tenía dinero de sobra y compraba las golosinas más caras que vendían en la cantina. Además, dicho compañero era muy popular entre todos los niños y niñas, por lo que en los recreos y a la hora de la salida se la pasaba rodeado de gente, a quienes también les brindaba chucherías.
Recuerdo que, en aquel entonces, yo estaba gordito, y debo confesar que, muy a mi pesar, era ignorado por las chicas y los chicos populares del salón. Eso me entristecía bastante. En ese tiempo mis papás tenían una posada que les generaba mucho dinero: recuerdo que tenían muchos billetes, los de la más alta denominación que entonces circulaban en Venezuela, los de 50.000,00 Bs.

Lo cierto es que mis padres guardaban todo ese dinero en un archivo. Un día, no sé por qué, de pronto tuve un impulso feroz de abrir la gaveta donde estaba guardado el dinero. Entonces me dirigí al escritorio y me detuve por un momento frente a él, observando la gaveta que contenía dicho tesoro. Miles de pensamientos pasaron por mi mente. ¡¿Qué estás haciendo?! ¡¿En serio les vas a robar a tus padres, a las personas que más te quieren en este mundo?! ¡Te meterán preso! Sacudí mi cabeza un par de veces, negando una y otra vez para disipar aquellos pensamientos molestos. Entonces, nervioso y con las manos temblorosas abrí la gaveta de una vez por todas. Mis ojos se iluminaron al ver aquel fajo enorme de billetes, entonces tomé un billete y lo guardé rápidamente en mi bolsillo.

Al día siguiente me llevé el billete al salón de clases, y cuando estábamos en el recreo, el Luis inmaduro de aquella época decidió decirles a sus compañeros que a la hora de la salida iba a brindarles a todos en la panadería que estaba en frente del colegio. Como por arte de magia, ese día todo el mundo se me acercó, claro, era de esperarse, pues fui el niño rico y adinerado por un día. Algunos me interrogaban incrédulos: «¿En serio nos vas a brindar?», y yo les decía entusiasmado: «¡Sí!». Entonces les mostraba el billete y ellos se volvían locos de alegría. En ese momento pensé muy feliz: «*¡Wow!* ¡Ahora sí que tengo amigos!».

Cuando llegó la hora de la salida fuimos como una manada de elefantes directo a la panadería (yo era el líder, por supuesto). Cuando llegamos dije orgulloso: «¡Pidan lo que quieran, chicos!». Entonces mis compañeros se volvieron locos y comenzaron a abrir las neveras, como si nunca hubiesen ido a una panadería antes. Pedían cachitos, chocolates de los más caros, refrescos, tortas... Todos me abrazaban y le aplaudían a Luis y su billete de 50.000,00 Bs. No puedo borrar de mi mente las caras de mis compañeros en el autobús de la escuela de regreso a casa, todos felices y con sus bocas llenas de comida, y yo... yo estaba en una especie de éxtasis de millonario. Me sentía genial, insuperable, que nada ni nadie podría detenerme. Mi popularidad había llegado por fin, y para quedarse... o eso creía.

Ya en casa, mientras hacía la tarea en mi cuarto, oí que tocaron el timbre. De pronto escuché los pasos de mi padre en dirección a mi cuarto... *¡tácata... tácata... tácata...!* Entonces tragué saliva y me dije: «¡Ay, aquí pasó algo!». Al poco rato abrió la puerta y gritó enfurecido: «¡¡Luisss!! (con la «s» bien alargada. Cuando eso sucedía era porque algo malo había ocurrido), ¡¿cómo es eso que usted gastó esta mañana cincuenta mil bolívares en la panadería que está frente a su colegio?!». En ese momento sentí que en mi corazón había estallado un tanque de nitrógeno líquido. Tartamudeé, temblé, y al final balbuceé: «Ah... ese billete... yo... ¡yo me lo conseguí en la iglesia!». Como estudiaba en un colegio católico, todos los jueves íbamos a misa, y aquel incidente casualmente había sucedido un día jueves.

Mi papá me miró fijamente, con sus ojos puyudos, y respondió: «¡¿Ah, sí?! ¡Pues mañana vamos a donde la profesora a ver si es cierto que usted se consiguió ese billete en la iglesia!». Entonces bajé la mirada y, avergonzado, dije la verdad, que había tomado el billete del archivo. La reacción de mi papá fue decisiva: «¡Ah, con que se lo robó! ¡Pues de ahora en adelante no recibirá de nosotros ni una moneda, y lo vamos a llevar y a traer todos los días del colegio!».

Aquel fue un castigo bastante, bastante fuerte. Yo no podía ni verles las caras a mis papás, y me sentía la peor persona del Universo. Al día siguiente, mientras estábamos desayunando, lo primero que mi papá me dijo fue: «¿Cómo amaneció el niño rico?». Yo permanecí callado. Después me llevaron al colegio, pobre, ya sin dinero para comprar ni un juguito en la cantina. Durante el recreo me senté solo, con mis dos amigos de siempre. De pronto se me acercó María, una de las chicas más bonitas del salón, y quien estaba de primerita en la panadería cuando les brindé a todos; sacó un gran chocolate que había conservado del día anterior (el cual fue comprado con el dinero que robé). Yo me le acerqué a pedirle un pedacito, pero ella sonrió y me dijo: «¡Ay! ¿Qué te pasa? ¡Cómprate uno! ¡Con todo el dinero que tenías ayer!» (sí, se comió el chocolate ella sola).

En ese momento comprendí que el dinero no trae verdaderos amigos. Obviamente, después de ese día más nunca volví a robar. ¡Fue tan horrible sentirme culpable por haberle quitado dinero a alguien, a mi propia familia!

> **MORALEJA**
> *Bajo ninguna circunstancia debemos caer en el error de robar. Lo correcto es trabajar duro para conseguir lo que queramos, eso te hará sentir bien contigo mismo y podrás inspirar a los demás.*

MATÉ A MI GATA

Algunos dicen que no les gustan los gatos. Pero yo creo que solo puedes decir algo así si nunca has vivido con un gato, si nunca los has entendido. Yo amo a los gatos porque son animales sinceros. Un gato solo te buscará cuando quiere; por eso dicen que los felinos son los animales cuya actitud se asemeja más a la de los seres humanos; además, son independientes y hacen lo que quieren cuando quieren. Ellos te buscan porque realmente te aman, no por dependencia, sino para tener un amor libre y sin ataduras hacia ti.

Sobre esto, tengo una historia muy conmovedora que contarte: Un día, de manera inesperada, llegó a la puerta de mi casa una pequeña gatita, muy flaquita, sucia, maltratada..., con los ojos azules y el pelaje amarillo. Mi mamá se enamoró de ella desde el primer día. La llamó Linda. Recuerdo que Linda era muy cariñosa. Pero, por cosas de la vida, sucedió un trágico accidente que me marcó por completo.

Aquel día mi papá estaba demasiado molesto, y empezó a gritar por toda la casa porque quería lavar el pasillo. Con voz estruendosa preguntaba: «¡¿Dónde está la manguera?! ¡Martha, búsqueme la manguera! ¿José, la manguera? ¿Luis, la manguera?». Pero él no buscaba la fulana manguera, ¡solo gritaba y gritaba sin parar! El ambiente estaba muy tenso. Entonces mi papá se paró en medio del pasillo y me gritó: «¡¡Luis, conecta la manguera!!». Yo me encontraba en una de las habitaciones metido en mi mundo, totalmente ajeno a lo que ocurría afuera, solo escuchando los gritos de papá sin prestarles demasiada atención. Entonces me puse de puntillas para poder alcanzar el marco de la ventana, y así poder asomarme para ver lo que sucedía. Sin embargo, en ese momento Linda se acostó debajo de mi talón, y como era tan pequeñita, cuando coloqué de nuevo los pies en el suelo, sin querer, la maté.

¡Aquella fue la experiencia más terrible de mi vida! Cuando caí en razón mis ojos se llenaron de lágrimas, mi corazón comenzó a palpitar a un ritmo vertiginoso, y empecé a sudar frío. «¡No! ¡No! ¡No! ¡¿Qué he hecho?! ¡Linda, Linda, no!». Mi hermano, al escuchar mi llanto lastimero y proferir aquellas desesperadas palabras, entró corriendo a la habitación asustado. Cuando vio aquella escena, con los ojos bien abiertos me miró a la cara horrorizado y me dijo: «¡Luis, eres un asesino!».

Al escuchar sus duras palabras comencé a llorar más fuerte y entré en un estado depresivo, me sentía la peor persona de este mundo. Mi mamá, al enterarse de lo sucedido, rompió a llorar y a lamentarse, y en cuestión de segundos la casa se volvió un infierno. Entonces, aterrado y temblando, corrí hacia la puerta de mi casa y salí rápidamente mientras mis lágrimas seguían cayendo sin parar. Antes de salir recuerdo que mi hermano me siguió hasta la puerta, pero, frío como el hielo, lo único que hacía era reírse de mí. Cuando salí de la casa me monté en un bus y me fui a otro pueblo. Cuando llegué me fui a una plaza y ahí me quedé solo, hasta que se hizo de noche. Pasé todo el día en la calle, vagando de un lado a otro, atormentado por mis pensamientos, hasta que se hizo de noche y decidí volver a casa. Cuando llegué ya todos estaban durmiendo, así que me dispuse a hacer lo mismo. No quería verle la cara a nadie, incluso deseé morirme por un momento. Me sentía terrible.

A partir de esa experiencia desarrollé un amor incondicional por cada gato que veía en la calle. Entonces decidí adoptar otro gato, había que hacerlo. Con el tiempo una señora nos ofreció una de las crías de su gata blanca, la cual había parido recientemente. En la camada había una gatita que se parecía mucho a Linda, y por esa razón decidimos adoptarla. Íbamos a llamarla Linda, pero sucedió que la gatita resultó ser macho, y al final optamos por llamarlo Silvestre, no por la caricatura de *Silvestre y Piolín*, sino porque en aquel entonces yo tocaba en un grupo de vallenato y estaba de moda Silvestre Dangond. A diferencia de Linda, este era un gato amargado, siempre estaba serio, pero igual le dábamos todo nuestro cariño.

Después de Silvestre llegó a nuestra casa otra gata, Moly. Era una hermosa minina, peluda, Calicó, de tres colores. Era genial tenerla con nosotros porque ella era mucho más cariñosa que Silvestre. Recuerdo que una vez se quedó encerrada en el camión de papá, en el depósito. Durante todo el día noté su ausencia, y preocupado la busqué por todas partes. Llegó un momento en el que la desesperación me embargó por completo. Sin embargo, de repente se me vino a la mente que podía estar en el depósito del camión, así que fui corriendo a buscarla. Para mi sorpresa, sí estaba allí, pues desde la distancia escuchaba un maullido: «¡Miauuuu! ¡Miauuuu!». Cuando abrí el camión la gata dio un brinco para salir de ahí desesperada. ¡Estaba muy asustada! Después de que la salvé no se despegó de mí durante siete días seguidos. Todo el día se la pasaba detrás de mí, incluso dormía conmigo, así que tomé eso como una señal de agradecimiento por lo que hice por ella.

Recuerdo que un día, mientras estaba en la universidad, repicó mi teléfono: era mamá.

—Luis... —dijo ella en un susurro débil y triste.

—Sí... ¿Qué pasó, mamá? —respondí confundido por su tono de voz.

—Atropellaron a Moly...

En ese momento la conmoción se apoderó de mí. Mi rostro cambió de uno que reflejaba tranquilidad a otro de absoluta sorpresa e incredulidad. Mis ojos se volvieron vidriosos. Yo estaba comiendo y me detuve de inmediato.

—¿Y murió? —pregunté desolado. Fue lo único que pude decir en ese momento. Estaba en *shock*.

—No, pero perdió la vista...

Entonces mi corazón dio un vuelco y me derrumbé por unos instantes.

—Voy a pedir que la sacrifiquen. No hay nada que hacer —agregó ella con la voz quebrada por el llanto.

Así fue como tomamos la dolorosa decisión, con apoyo del veterinario, de sacrificar a Moly. Era lo mejor para ella. Ya no sufriría más y estaría en el cielo de los gatos disfrutando de la compañía de Linda.

El tiempo pasó, y después de un año llegó a nosotros un pequeño gatito. Recuerdo ese día: Yo salí a la calle y vi algo que parecía una ratita tirada en el piso. ¡Era bien fea, tenía los ojos cerrados y se movía como un monstruo pequeñito! Con mucho cuidado tomé entre mis manos al pequeño animalito y lo abracé, dándole calor. Estaba temblando. Entonces lo llevé a casa, y cuando mi mamá vio al gatito no pudo con la impresión, y lo primero que me dijo, horrorizada, fue: «Luis, ¡¿qué es esto?!». Yo le dije: «¡Un gato, mamá!». ¡Ella casi se desmaya!, ¡y es que el pobre gatito parecía un murciélago! Sin embargo, igual lo aceptamos con cariño en nuestro hogar.

Como estaba muy pequeño, tuvimos que darle leche con un gotero. Poquito a poquito lo fuimos alimentando y lo salvamos de la muerte. Luego nos enteramos que una vecina, que no era muy buena gente que digamos, lo había abandonado a su suerte. A este gatito lo llamamos Valentino, porque era un gato muy valiente. A diferencia de mis otros mininos, este era nervioso, y se la pasaba dando brincos por doquier (según la literatura felina, los gatos son nerviosos cuando no crecen con su mamá). ¡Ah!, olvidé mencionar que en ese tiempo Silvestre aún estaba con nosotros, pero como les dije, era un gato muy amargado y se la daba de exquisito...

Yo siempre quise a todos mis gatos, los amé y les di todo el cariño posible, hasta que llegó el momento de emigrar. Antes de irme les dije: «Bueno, hijos míos, les di todo el amor que pude, pero ahora tengo que irme y no los puedo llevar conmigo. Espero volver a verlos algún día. ¡Pórtense bien y sobrevivan!». Aún Silvestre y Valentino están vivos.

> **MORALEJA**
> *Los animales merecen todo el amor y cuidado que podamos brindarles. Debemos recordar que ellos también aportan felicidad y mucho amor a nuestras vidas.*

MI ROMANCE LÉSBICO

Era yo un adolescente cuando mis hormonas comenzaron a alborotarse. En aquel entonces yo estaba superando una decepción amorosa, y como era de esperarse, me la pasaba escuchando música «cortavenas». Un día una muchacha, la más popular del salón, me invitó a un concierto, que por cierto estuvo muy bueno. Pronto comenzamos a soñar con montar una banda de *rock*, y fue tanto el entusiasmo que nos inscribimos en clases de guitarra.

Pero de tanto pasar tiempo juntos, la chica empezó a gustarme. Todo comenzó a fluir entre nosotros de una manera perfecta. *¡Wow!*, comencé a creer que sería el amor de mi vida: compartíamos la misma pasión por la música, ambos tocábamos guitarra, y estábamos decididos a alcanzar la fama y ser estrellas de *rock*.

¡Aquellos fueron tiempos geniales!, ¡y poco a poco me enamoraba más y más de ella! Me sentía muy bien a su lado; sin embargo, todo cambió de golpe cuando le pedí que fuera mi novia, y en tan solo unas semanas ella se distanció de mí. Entonces llegamos al acuerdo de no estar juntos, pero igual seguíamos saliendo, y con el tiempo volvimos a recuperar ese ambiente de cercanía, hasta que, de un día para otro, cortó toda relación conmigo. Yo quedé muy confundido y me dije: «*¡Wow!* ¿Qué pasó aquí?». Entonces, resignado y dolido por aquella decepción amorosa, supuse que su felicidad no estaba a mi lado.

Sin embargo, un día tuve que viajar a una ciudad muy importante de Venezuela. Ella se enteró del hecho y entonces se acercó rápidamente a mí, con el mismo cariño que teníamos antes de distanciarnos, y me preguntó si podía acompañarme. Yo no podía creerlo, además, nunca había viajado solo con una mujer a un sitio como ese. Acepté, por supuesto, feliz y entusiasmado. En ese momento la pasión revivió. Pensé con ingenuidad en un mundo junto con ella en el que todo era felicidad y amor: «¡Vamos a vivir juntos!». Durante el viaje me abrazó, y hasta nos tomamos de la mano. ¡Fue increíble! Mi corazón casi se salía del pecho. No podía con tanta felicidad. ¡Y pensar que yo solo iba a ver a mi hermano a un evento con mis padres!

Al día siguiente, mientras recorríamos la ciudad, me dijo que quería ir a un sitio apartado de ahí, el cual no era turístico y que para mí no valía la pena conocer. Pero yo estaba enamorado y la complací. Así que tomamos un taxi que se adentró entre unos caseríos que eran muy feos y deprimentes. Recuerdo que hacía un calor infernal y yo estaba vestido de negro, como siempre vestía por aquellos días de antaño, pues en ese tiempo quería ser *emo*, aunque nunca fui capaz ni de cortarme una uña. Entonces llegamos a una calle donde había puras casas horribles. Tragué saliva al observarlas. El ambiente era lúgubre y depresivo. Mientras caminábamos yo me preguntaba mentalmente: «¿Qué rayos hago aquí?». Pero no me importaba porque estaba con ella, mi enamorada. Recuerdo que de pronto nos detuvimos y me dijo:

—Espérame aquí, por favor...

—*¡Wow!* ¿Aquí? ¿Pero dónde estamos? —le pegunté un poco sorprendido y ansioso.

—Sí, sí... Espérame aquí sentado.

Hice lo que me pidió y me quedé esperándola entonces, sentado en la acera, en esa calle rodeada por puras casas horribles, viendo cómo se alejaba cada vez más, hasta que llegó a una casa en la cual entró. Para ser sincero, yo estaba muy asustado.

Media hora después salió del lugar, y cuando se reunió conmigo ya no era la misma persona, se mostró fría, apática, indiferente. Durante el camino de vuelta intenté abrazarla, pero me rechazó. Ante aquel gélido gesto me quedé en blanco, totalmente desconcertado. No entendía qué estaba pasando, y eso hizo que durante el viaje me sintiera muy mal. De hecho, nunca entendí qué fue lo que sucedió aquel día. Hasta que después, con el tiempo, me enteré que ella tenía un amor a distancia con otra chica, y que mi viaje fue el vehículo para que se conocieran. Simplemente fue un trampolín para ella. A pesar de que me sentí usado cuando me enteré de eso, la perdoné, y hoy somos buenos amigos, aunque nunca me he atrevido a comentarle cómo me sentí aquella vez ni lo molesto que estaba con ella.

Lo que sí puedo asegurar es que extrañamente tiendo a atraer a las lesbianas a mi vida. Por eso ahora me aseguro de la orientación sexual de las mujeres que conozco antes de enamorarme de ellas.

> **MORALEJA**
> *Nunca debemos juzgar a nadie por su orientación sexual. Sin embargo, debemos manifestarles a las personas si estamos de acuerdo o no con determinadas situaciones. Con el tiempo la experiencia te enseñará a leer la conducta de los demás y esto garantizará que tengas una relación sana con ellos.*

¡VIVE!

Querido lector, hasta aquí te he abierto mi corazón y mostrado parte de mi vida a través de estas historias, que espero te dejen aprendizajes que puedas aprovechar para tu bien. Ahora quiero que tomes en cuenta algunos consejos, además de los que ya te he dado a lo largo del libro: Rodearnos de las personas adecuadas siempre será una bendición, pues con ellas viviremos un sinfín de experiencias únicas, y aprenderemos mucho de ellas y ellas de nosotros. A su vez, tendremos muchas historias divertidas que contar a quienes nos rodean, a nuestros amigos, familia, pareja... Además, seguramente ellas nos ayudarán en nuestros momentos difíciles, y así será más fácil para nosotros ver la luz al final del túnel y vencer la adversidad.

Recuerda siempre que los seres humanos somos sociales, y nos necesitamos los unos a los otros. Además, como mencioné anteriormente, una de las cosas que siempre debemos tomar en cuenta es que en nuestra lucha aparecerá quien, de alguna u otra manera, esté dispuesto a darnos la mano, personas que directa o indirectamente aporten algo provechoso a nuestra vida, que nos aprecian y se interesan por vernos crecer. Sin embargo, hay que estar atentos, escuchar y ser humildes, es la única manera de reconocerlas. Cuando las descubres se forman lazos, a veces duraderos, los cuales se fortalecen mutuamente.

En esencia, en este libro está plasmada la visión de que debemos vivir a pesar de cualquier cosa, de que debemos guerrear y estar dispuestos a conquistar nuestros sueños. Esa es mi premisa, y mi intención es que también sea la tuya. *Ganarlo todo* quiere decir eso: conquistar nuestra propia vida. Esto también lo comprende un nuevo amigo, el cual me obsequió unas hermosas palabras que resumen esta idea, palabras que decidí incluir en estas páginas y que ambos queremos compartir contigo:

VIVE

A Luis Méndez

Cuando rías, hazlo sin mesura, descaradamente, hasta que el exceso te precipite al llanto.

Cuando llores, hazlo sin consuelo, desesperadamente, hasta que el absurdo te haga de nuevo sonreír.

Haz todo a lo grande, sin arrepentirte: ¡lánzate al vacío con los ojos abiertos!

¡Vive! Contradictoriamente, irresponsablemente, irreflexivamente, en gerundio, ¡con todo lo que vivir implica!

¡Vive sin mapas, sin planes ni estrategias! ¡Vive sin pretextos, sin escudos ni baluartes! ¡Vive con poco, mucho o nada!

¡Vive con un corazón que no pregunte y con una mente que no estorbe!

¡Vive hoy, justo ahora, justo donde estás, sin postergarte y siempre al máximo de tu capacidad!

¡Vive sin expectativas, sin mañanas, sin ayeres! ¡Vive sin «peros», sin «no puedo» ni «tal vez»!

¡Embriágate de vida, ábrete a la existencia y déjate inundar por ella, desbórdate en ella!

¡Vive, vive, vive y sigue viviendo! Y si en algún punto quieres detenerte, piensa: «Ya habrá bastante tiempo para estar muertos».

ZAYNEL GARCIA

BIOGRAFÍA

Mi nombre es Luis Méndez Morales y nací en Venezuela el 9 de enero de 1996, en un pequeño pueblo andino llamado Lobatera. Tuve una infancia y una adolescencia muy bellas e inolvidables, como pocas. Pero todo cambió a partir del año 1999, cuando asumió la presidencia venezolana el fallecido presidente Hugo Rafael Chávez Frías. Y es que su mandato, perpetuado por el del actual presidente, Nicolás Maduro Moros, llevó a la nación a la completa ruina, obligando a gran parte de su población a abandonar su suelo. Esa fue la razón por la cual abandoné mi carrera, Ingeniería Electrónica, y decidí empezar desde cero en Argentina, país que me recibió con los brazos abiertos. Pese a las dificultades iniciales, he logrado mantenerme en pie, guerreando, apostándole al arte, y administrando *SINPUNTOCOM*, canal al cual me dedico a tiempo completo.

EPÍLOGO

En este libro están condensadas las pequeñas historias que viví durante mi proceso migratorio, proceso que actualmente comparto con millones de venezolanos. Nostalgia, amor, alegría, esperanza..., palpitarán vigorosamente desde la primera hasta la última página de este testimonio. *Llegar con nada y ganarlo todo* es una invitación, un consuelo para aquellos que padecen en carne propia los embates de una crisis económica sin precedentes; un norte para los que, al empezar desde cero en otras banderas, son abatidos por el miedo y la incertidumbre; y en especial, un recordatorio de todo el sufrimiento que pueden ocasionar las personas ambiciosas, egoístas y sin principios morales que se aferran al poder y carecen de sentimiento alguno, sin importarles el daño, la destrucción y el dolor que causan a su pueblo.

Sin embargo, *llegar con nada y ganarlo todo* también representa valentía, humildad, lucha y resiliencia, por lo que también es un recordatorio de que siempre podremos avanzar a pesar de las adversidades, de que siempre habrá una mano amiga con la que podremos contar, y de que siempre debemos hacer lo que nos haga felices e ir hacia donde nuestro corazón vibre de alegría y tengamos paz.

Y NOS VEMOS EN OTRA PRÓXIMA EDICIÓN

Made in the USA
Columbia, SC
03 April 2025

56135004R00065